SINN VOLL SINN

Leid – Tod – Auferweckung

Zwischen Verzweiflung
und christlicher Hoffnung

Kösel

SINNVOLLSINN
Religion an Berufsschulen
Materialien für die Fachklassen des Dualen Systems und die entsprechenden Bildungsgänge

Herausgegeben vom Institut für berufsorienterte Religionspädagogik,
Prof. Albert Biesinger, Dr. Joachim Schmidt, Tübingen

Band 1:
Leid, Tod, Auferweckung:
Zwischen Verzweiflung und christlicher Hoffnung

Erarbeitet von Michael Boenke,
in Kooperation mit Prof. Dr. Albert Biesinger, Josef Jakobi, Prof. DDr. Klaus Kießling und Dr. Joachim Schmidt

Zum Schulbuch erscheint eine DVD mit Bilddateien, Arbeitsblättern, Filmausschnitten, Liedern:
Leid, Tod, Auferweckung, die bei Bestellung eines Klassensatzes mitgeliefert wird.

Bitte beachten Sie:
Das Internet ist ein schnelllebiges Medium, das sich einer wirksamen Kontrolle der Inhalte entzieht. Herausgeber, Autor und Verlag haben sich bei allen Link-Angaben bemüht, ausschließlich »langlebige« Adressen von seriösen Quellen anzugeben, die jugendgemäß sind und keinerlei Gewalt verherrlichende, diskriminierende, pornografische oder sonstige sittenwidrige Inhalte transportieren. Alle Angaben werden auch bei jeder Neuauflage des Buches überprüft.
Dennoch kann nicht restlos ausgeschlossen werden, dass durch Veränderungen (z. B. Übernahme einer Domain durch einen neuen Inhaber) unerwünschte Inhalte auf den Seiten stehen, Links nicht mehr funktionieren oder auf andere Seiten mit unerwünschten Inhalten verwiesen wird. Verlag, Herausgeber und Autor von SinnVollSinn distanzieren sich von solchen Inhalten, weisen Sie als Lehrkraft auf die besondere Aufsichtspflicht bei der Nutzung des Internets im Unterricht hin und bitten Sie um Hinweise an den Verlag, sollten Ihnen unerwünschte Inhalte auf den angegebenen Internet-Seiten auffallen.

ISBN 3-466-50730-8

Printed in Germany
In aktueller Rechtschreibung

Satz: Kösel-Verlag, München
Druck und Bindung: Kösel, Krugzell
Illustration: Mascha Greune, München
Umschlagentwurf: Kaselow Design, München

Der Kösel-Verlag ist Mitglied im »Verlagsring Religionsunterricht« (VRU)

SINN VOLL SINN

Leid – Tod – Auferweckung

Zwischen Verzweiflung und christlicher Hoffnung

Erarbeitet von Michael Boenke,
in Kooperation mit Prof. Dr. Albert Biesinger, Josef Jakobi,
Prof. DDr. Klaus Kießling und Dr. Joachim Schmidt

Kösel

Inhaltsverzeichnis

Vorwort

Das vorliegende multimediale Modul „Leid, Tod und Auferweckung: Zwischen Verzweiflung und christlicher Hoffnung“ der Reihe „SinnVollSinn. Religion an Berufsschulen“ besteht aus diesem Schulbuch und ergänzender DVD für Lehrkräfte.
Die Thematik des Moduls basiert auf dem „Grundlagenplan für den katholischen Religionsunterricht an Berufsschulen“, 2002 von der Deutschen Bischofskonferenz herausgegeben.
Der Gebrauch beider Versionen des Moduls – Buch und DVD – im Religionsunterricht eröffnet vielfältige Kombinationsmöglichkeiten und Vernetzungen von Bildern, Sachtexten, Erfahrungsberichten, Arbeitsblättern, O-Tönen und theologischem Glossar, die das Lernen fördern und kommunikative Arbeitsweisen optimieren können.
Das Modul ist gemäß seinem pädagogischen Konzept

- schülerorientiert und berufsbezogen durch deren Arbeits- und Berufserfahrungen,
- thematisch strukturiert,
- handlungsbezogen und
- methodisch vielfältig und medial variantenreich strukturiert,
  selbst „spontane“ Zugriffsweisen sind durch die Links im Modul möglich.

Die Offenheit dieser aus der Praxis des Religionsunterrichts entstandenen und unterrichtsnah gestalteten Materialien lässt den Beteiligten im Religionsunterricht die Freiheit zur je eigenen Auswahl und ermöglicht zugleich eine Zuordnung zu den Länderlehrplänen. Damit können regionale Besonderheiten, religiös unterschiedliche Prägungen und schulische Bedingungen produktiv beachtet werden.

Das Team des Instituts für berufsorientierte Religionspädagogik, Tübingen, mit dem Autor Michael Boenke lädt Sie ein, sich anregen zu lassen, dieses multimediale Werk im Religionsunterricht an berufsbildenden Schulen, insbesondere in Bildungsgängen der Berufsschule der dualen Ausbildung, einzusetzen und mit ihm zu experimentieren.

Albert Biesinger, Michael Boenke, Josef Jakobi, Klaus Kießling, Joachim Schmidt

Das Team freut sich über Rückmeldungen, Erfahrungen und weiterführende Hinweise:

Michael Boenke
Paradiesstr. 100
88348 Bad Saulgau
Tel. 07581/51332
E-Mail: kamiboe@web.de

Tina & Paul

Paul: *Meeeiiiin Gott, hast du schon den Stundenplan gesehen? Die haben uns Reli reingedrückt!*

Tina: *Na und, willst du lieber Mathe oder Physik dafür?*

Paul: *Nööö. Gar nichts!*

Tina: *Karin hat gesagt, dass die da über alles reden. Muss voll interessant sein.*

Paul: *Beten kann ich zu Hause, da brauch ich die Schule nicht.*

Tina: *Ich wusste gar nicht, dass du so fromm bist. Aber etwas über Religionen zu hören finde ich ganz interessant, da wird nicht nur gebetet, hat Karin gesagt. Der Lehrer oder die Lehrerin ist voll cool drauf.*

Paul: *Ohhh Gott, dann meditieren die immer, Ommmmmmmmmm.*

Tina: *Quatsch, sei doch froh, wenn du in einer Stunde mal nicht so 'nen Stress hast wie in den anderen, wo es nur um Leistung, Noten, Funktionieren für die Wirtschaft geht.*

Paul: *Stimmt eigentlich, aber relaxen kann ich zu Hause.*

Tina: *Karin hat gesagt, man kann mit dem Lehrer auch über Probleme gut reden ...*

Paul: *Ohhh Jesus, der macht wohl voll auf Psycho! Ich habe keine Probleme!*

Tina: *Er war der Einzige, mit dem sie reden konnte, als sie nicht wusste, ob sie schwanger ist.*

Paul: *Mit meinen Alten würde ich auch nicht darüber reden, das gibt nur Stress!*

Tina: *Mit wem dann?*

Paul: *Weiß nicht ... Aber wenn ich das im Betrieb erzähle, dass wir Reli-Unterricht haben, der Meister kriegt 'ne Krise. Der meint eh, wir würden verblöden und seien moralisch verdorben.*

Tina: *Warum ist er dann gegen Reli-Unterricht? Er kann nicht klagen, die Schüler würden das Werkzeug aus dem Betrieb klauen, wenn ihnen keiner mehr sagt, dass man es nicht klauen darf.*

Paul: *So hab ich das noch gar nie gesehen.*

Tina: *Und über andere Religionen hörst du auch was.*

Paul: *Ja, ja, dann weiß ich nachher, warum der Hindu keine Kuh überfährt und dass er tausendmal lebt oder so, aber wo ich nachher hinkomme, das weiß ich wieder nicht.*

Tina: *Ich schon – bestimmt nicht in den Himmel!*

Paul: *Dann kenne ich alle Weltreligionen, aber, was ein Christ ist, weiß ich immer noch nicht.*

Tina: *Aber Karin hat gesagt, sie weiß jetzt endlich darüber Bescheid.*

Paul: *Ohhh Gott, dann wird doch bloß über Gott geredet.*

Tina: *Ich glaube, du verwendest das Wort öfter als der Reli-Lehrer.*

Wozu Religionsunterricht und wozu dieses Religionsbuch?

Der einführende Dialog von Tina und Paul, die auch weiterhin durch die Themen dieses Buches führen werden, zeigt klar an, was viele heute denken: Sollten wir nicht lieber noch eine Stunde EDV oder eine Stunde Technik haben – anstatt Reli, ein Fach, das doch eh „nichts bringt"?
Dennoch haben sich die Verantwortlichen in ganz Deutschland dazu entschlossen, Religionsunterricht in der Berufsschule beizubehalten. Sogar die Vertreter des Handwerks äußern sich in diese Richtung:

> Die Berufsschule hat nicht nur die Aufgabe, fachliches Wissen zu vermitteln, sondern soll dem jungen Erwachsenen auch Hilfe bei der Orientierung für sein Leben geben und die entsprechenden Werte vermitteln. Dazu leistet der Religionsunterricht einen wichtigen Beitrag. Er sollte in allen Bundesländern – an allgemein bildenden wie an Berufsschulen – zum Fächerkanon gehören.
>
> *Dr. Anne Dohle, Zentralverband des Deutschen Handwerks*

Orientierungen – dieses Stichwort greift das vorliegende Buch auf. Ein Buch, das Orientierungen geben will, muss aber auch sagen, in welchen Bereichen diese Orientierung geschehen soll. Dazu haben sich einige Schülerinnen und Schüler geäußert, die über ihre Meinung zum Religionsunterricht an der Berufsschule befragt wurden.

Orientierung für das Privatleben und für die Freizeit

Dass man da auch über alles reden kann, das ist das Gute am Religionsunterricht. Sonst könnte man, wenn man keine Anlaufperson hat, wenn der Religionslehrer schon keine Anlaufperson ist, finde ich, könnte man den Religionsunterricht ganz abschaffen!

Ludger, 16 Jahre, katholisch, Metallschule

Das Leben ist immer wieder im Umbruch. Gerade in den ersten Jahren des Berufslebens wird dies sehr deutlich: Man muss eine neue Rolle finden, man wird anderen Ansprüchen ausgesetzt und weiß noch nicht, wohin die Reise gehen wird. Der Religionsunterricht will in dieser Phase Orientierung geben ...
... im persönlichen Berufsleben: bei der Frage, welche Sinnperspektive Arbeit bieten kann – welchen Mehrwert eine Beziehung zu Gott über den Beruf hinaus, in Arbeitslosigkeit oder Berufsunfähigkeit bieten kann; bei der Frage nach unterschiedlichen Wertvorstellungen und Wertsetzungen; in der Begegnung mit anderen Religionen oder Lebenskonzeptionen.
... im Privatleben: bei der Frage nach »Haltepunkten« angesichts ungewisser Berufs- und Zukunftsperspektiven; in der Frage nach sinnvoller Lebensgestaltung; im Hinblick auf persönliche oder miterlebte Erfahrungen von Leid und Scheitern.
... im gesellschaftlichen Leben: bei der Frage, wofür sich das eigene Engagement lohnt und wofür nicht; auf der Suche nach eigenen Standpunkten in der Welt täglich sich ändernder Meinungen und Werte.

Orientierung für die Berufs-Welt

Der Religionsunterricht ist wichtig: Sonst würde das mechanische Denken überhand nehmen und das freie Denken fehlen.

Alex, 18 Jahre, katholisch,
Ernährungswissenschaftliches Gymnasium

RU an berufsbildenden Schulen hat durchaus auch inhaltlich seinen Sinn: Er ermöglicht es, Fähigkeiten und Kenntnisse zu erwerben, die zur Bewältigung von konkreten Situationen beruflichen Handelns dienen.
Inhaltlich sind dies Fragen des interreligiösen und interkulturellen Dialogs, der Solidarität und Gerechtigkeit usw. *Methodisch* kann man im Religionsunterricht lernen, mit Texten und Symbolen präzise und kreativ umzugehen. Im Hinblick auf *soziale* Fertigkeiten ist der Religionsunterricht der Ort, wo ein fairer, kommunikativer und geschwisterlicher

Umgang thematisiert, erfahren und eingeübt wird.
In Bezug auf *personale* Kompetenzen kann ich im Religionsunterricht den Weg entdecken, wie ich mich auf dem Markt verschiedenster Sinn-Angebote eigenständig orientieren und zu größerer persönlicher Stabilität und mehr Selbstbewusstsein kommen kann.
Gleichzeitig wirkt Religionsunterricht im beruflichen Umfeld immer auch als kritische Anfrage: Er hält das Bewusstsein dafür wach, dass der Mensch mehr ist als ein funktionierendes Rad im betrieblichen Uhrwerk. Er macht sensibel für die Grenzen menschlicher Machbarkeit, die nicht überschritten werden sollten.

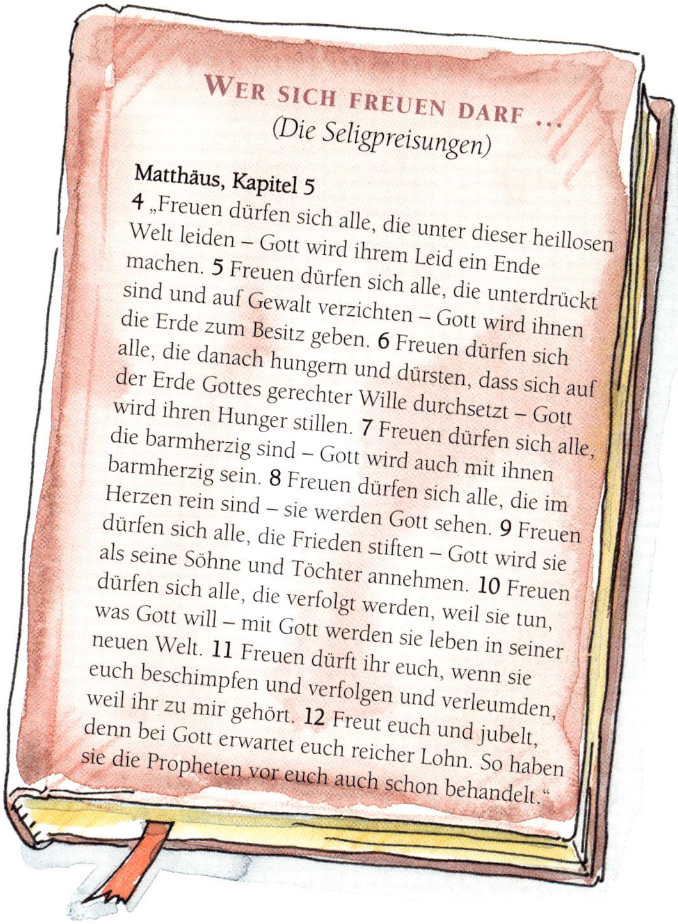

Orientierung an der christlichen Botschaft

Religionsunterricht ist wichtig, damit man etwas mitgeben kann, wenn ein Patient fragt: „Wieso kann Gott mich nicht leiden?“

Anna, 20 Jahre, evangelisch, Krankenpflegeschule

Im Mittelpunkt des christlichen Glaubens steht eine faszinierende Vision: die Idee vom „Reich Gottes“. Die Welt und wir als Einzelne gehören zum Be-Reich Gottes, wie er in Jesus Christus verkündet und wahrnehmbar gemacht wurde. Diese große Vision bildet den Kern dessen, was im Religionsunterricht an beruflichen Schulen zu lehren und lernen ist.

Die Themen dieses Buches „Leid, Tod, Auferweckung: Zwischen Verzweiflung und christlicher Hoffnung“ sind eine Herausforderung für jeden Menschen, sich auch den problematischen Seiten des Lebens zu stellen. Jesu Botschaft vom Reich Gottes gibt Kraft und Mut diese Herausforderung anzunehmen.
Diese drei Orientierungen – am Leben, an der Berufswelt, an der christlichen Botschaft – sollen auch im Buch immer wieder deutlich gemacht werden. Sie finden dazu nach wichtigen Abschnitten des Buches diese Puzzlesteine.

Sie fassen das vorangegangene Kapitel immer im Hinblick auf die drei genannten Bereiche zusammen. Hier lässt sich noch einmal nachvollziehen, warum das behandelte Thema von Bedeutung ist – für Ihr persönliches Leben, für Ihre Berufswelt – und was das Thema an christlicher Orientierung bereithält.
Wir hoffen, dass Sie nach der Arbeit mit diesem Buch etwas klarer sehen als Tina und Paul, warum der Religionsunterricht an beruflichen Schulen auch heute noch wichtig ist, und wünschen Ihnen viel Spaß!!!

Tina & Paul

Paul: *Hallo Tina, hast du schon gehört?*
Tina: *Ne, was?*
Paul: *Von dem Unfall.*
Tina: *Ach so – brutal.*
Paul: *Beide sind tot.*
Tina: *Der eine war bei meinem Bruder in der Klasse. War schon bei uns zu Hause.*
Paul: *Seine Freundin war eingeklemmt, hat Franz von der Feuerwehr gesagt. Sie hat noch zwei Stunden gelebt.*
Tina: *So möchte ich nicht sterben.*
Paul: *Lieber mit Freundin als allein.*
Tina: *Mmmh – weiß nicht. Meinst du, die hat noch was gespürt?*
Paul: *Franz hat gesagt, sie war bewusstlos – da kriegt man nichts mehr mit.*
Tina: *Woher willst du das wissen? Ich denke, dass man da noch viel checkt. Hoffentlich hatte sie keine Schmerzen. Muss ja übel ausgesehen haben. Alles zermanscht.*
Paul: Für mich wäre das Brutalste eingeklemmt zu sein und dann zu verbrennen – und man kriegt alles mit.
Tina: *Ich hab mal einen Film gesehen, da ist einer ins Eis eingebrochen, ist abgedriftet und konnte nicht mehr raus, weil das Eis zu dick war. Da hab ich jetzt manchmal noch Albträume davon.*
Paul: *Schon brutal, aber wenn es dich erwischt, erwischt es dich eben. Ob Aids, Krebs, gekillt werden oder Autounfall. Da kannst du gar nichts machen.*
Tina: *Die hätten ja langsamer fahren können. Vielleicht hatte er ja was getrunken.*
Paul: *Wenn deine Zeit gekommen ist ... Da kannst du gar nichts machen.*
Tina: *Quatsch!*
Paul: *Die Besten sterben jung.*
Tina: *So ein Schwachsinn – dann wäre ich ja schon längst tot!*

Schülersicht: „Ich weiß, dass wir alle sterben ...“

„Ich weiß, dass alle Lebewesen mal sterben müssen. Der Gedanke, für immer weg zu sein, ist natürlich unheimlich. Warum es diese Einrichtung gibt, dass man sterben muss? Das ist nun mal so, damit hier neue Menschen Platz haben. Ich glaube nicht, dass es so was wie Gott gibt, der sich Sterben ausgedacht hat, obwohl auch kluge Leute das behaupten. Wie soll denn das funktionieren, frage ich mich, wenn man nach dem Tod bei Gott sein soll? Ich glaube, das hat sich mal im Altertum ein frommer Mensch, so ein Mönch vielleicht, ausgedacht und es weitererzählt, damit keiner mehr vor dem Tod Angst haben sollte. Früher waren die Leute dümmer und so haben sie das alles weitererzählt. Wenn ich mal sterbe, werde ich zu Nichts. Man lebt ja eine Weile. Mit der Zeit kann sich jeder an den Todgedanken gewöhnen. Dass ich gelebt habe, ist der Sinn.“

Guido, 15 Jahre

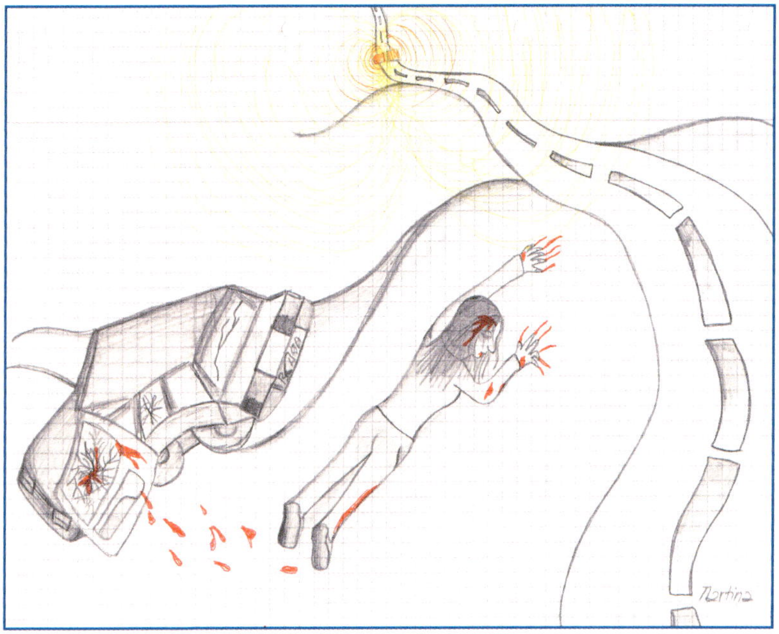

- Zeichnen Sie ein Bild zum Thema „Angst vor dem Tod“.
- Stellen Sie die Bilder im Klassenzimmer aus.
- Deuten Sie die Bilder Ihrer Mitschüler.
- Ist die Angst vor dem Tod begründet?
- Bewerten Sie die Aussagen der Schüler.

„**Was ist der Tod?** Nun ich denke, er ist ein Teil des Lebens eines Menschen. Wie die Schule. Das Leben hat viele Teile. Nur ein Teil davon ist irdisch. Es ist wie in der Schule, wenn wir weiter in eine andere Klasse gehen. Zu sterben heißt ein neues Leben anfangen. Jeder muss einmal sterben, aber die Seele lebt weiter.“

Schülerstatement

Die Suche nach der eigenen Identität ist unweigerlich mit der Frage nach dem Sinn des Lebens verknüpft, bei der auch immer Endlichkeit und Tod des Menschen eine Rolle spielen. Der schwere Stand der Heranwachsenden wird oft durch das Unverständnis von Erwachsenen, das sich in negativer Kritik äußert, verstärkt. Aber auch die Erwachsenen sind überfordert. Sie haben Angst um die Jugendlichen und wissen nicht, wie sie sich verhalten sollen. Denn in dieser Phase distanzieren sich die *Jungen* oft von den *Alten*, wollen nicht viel mit ihnen zu tun haben. Selbstliebe und Selbsthass werden auf Eltern und Erzieher projiziert. Die Jungen wollen lieber heute als morgen autonom und selbstständig sein. Auf der anderen Seite sind ihre hilflosen Abhängigkeitswünsche mehr als je zuvor vorhanden ...
Andererseits taucht der Tod im Leben des Heranwachsenden durch das Spiel mit dem Leben als höchsten Einsatz auf, wie zum Beispiel beim U-Bahn-Surfen oder anderen waghalsigen Aktivitäten. Es dient der Demonstration der eigenen Macht und dem Gefühl der totalen Selbststeuerung.
Die Jugendlichen sprechen in der Regel nicht gerne über den Tod.

Christine Fleck-Bohaumilitzky

Fragen zum Tod

Max Frisch hat in seinen Tagebüchern Fragebögen entworfen, die helfen können, sich seiner eigenen Einstellung zum Tod bewusster zu werden.

1. Haben Sie Angst vor dem Tod und seit welchem Lebensjahr?
2. Was tun Sie dagegen?
3. Haben Sie keine Angst vor dem Tod (weil Sie materialistisch denken, weil Sie nicht materialistisch denken), aber Angst vor dem Sterben?
4. Möchten Sie unsterblich sein?
5. Haben Sie schon einmal gemeint, dass Sie sterben, und was ist Ihnen dabei eingefallen:
a. was Sie hinterlassen?
b. die Weltlage?
c. eine Landschaft?
d. dass alles eitel war?
e. was ohne Sie nie zustande kommen wird?
f. die Unordnung in den Schubladen?
6. Wovor haben Sie mehr Angst: dass Sie auf dem Totenbett jemand beschimpfen könnten, der es nicht verdient, oder dass Sie allen verzeihen, die es nicht verdienen?
7. Wenn wieder ein Bekannter gestorben ist: Überrascht es Sie, wie selbstverständlich es Ihnen ist, dass die andern sterben? Und wenn nicht: Haben Sie dann das Gefühl, dass er Ihnen etwas voraus hat, oder fühlen Sie sich überlegen?
8. Möchten Sie wissen, wie Sterben ist?
9. Wenn Sie sich unter bestimmten Umständen schon einmal den Tod gewünscht haben und wenn es nicht dazu gekommen ist: Finden Sie dann, dass Sie sich geirrt haben, d. h. schätzen Sie infolgedessen die Umstände anders ein?
10. Wem gönnen Sie manchmal Ihren eignen Tod?
11. Wenn Sie gerade keine Angst haben vor dem Sterben: weil Ihnen dieses Leben gerade lästig ist oder weil Sie gerade den Augenblick genießen?
12. Was stört Sie an Begräbnissen?
13. Wenn Sie jemand bemitleidet oder gehasst haben und zur Kenntnis nehmen, dass er verstorben ist: Was machen Sie mit Ihrem bisherigen Hass auf seine Person beziehungsweise mit Ihrem Mitleid?
14. Haben Sie Freunde unter den Toten?
15. Wenn Sie einen toten Menschen sehen: Haben Sie dann den Eindruck, dass Sie diesen Menschen gekannt haben?
16. Haben Sie schon Tote geküsst?
17. Wenn Sie nicht allgemein an Tod denken, sondern an Ihren persönlichen Tod: Sind Sie jeweils erschüttert, d. h. tun Sie sich selbst Leid oder denken Sie an Personen, die Ihnen nach Ihrem Hinschied Leid tun?
18. Möchten Sie lieber mit Bewusstsein sterben oder überrascht werden von einem fallenden Ziegel, von einem Herzschlag, von einer Explosion usw.?
19. Wissen Sie, wo Sie begraben sein möchten?
20. Wenn der Atem aussetzt und der Arzt es bestätigt: Sind Sie sicher, dass man in diesem Augenblick keine Träume mehr hat?
21. Welche Qualen ziehen Sie dem Tod vor?
22. Wenn Sie an ein Reich der Toten (Hades) glauben: Beruhigt Sie die Vorstellung, dass wir uns alle wiedersehen auf Ewigkeit, oder haben Sie deshalb Angst vor dem Tod?
23. Können Sie sich ein leichtes Sterben denken?
24. Wenn Sie jemand lieben: Warum möchten Sie nicht der überlebende Teil sein, sondern das Leid dem andern überlassen?
25. Wieso weinen die Sterbenden nie?

- Beantworten Sie den Fragebogen spontan.
- Suchen Sie sich die wichtigste Frage heraus.
- Diskutieren Sie diese Frage mit Ihren Mitschülern.

Tina & Paul

Tina: *Hast du gestern die Nachrichten gesehen?*

Paul: *Nein, warum?*

Tina: *Irgendwo in Afrika ist mal wieder Krieg und ...*

Paul: *Na und, ist da doch immer.*

Tina: *Lass mich doch ausreden. Die haben da echt gezeigt, wie ein Soldat Frauen und Kinder erschossen hat. Voll mit der Kamera draufgehalten.*

Paul: *Wow, man hat das echt gesehen?*

Tina: *Das war nicht witzig. Wenn ich das gewusst hätte, hätte ich weggeschaut.*

Paul: *Ich nicht. Das nützt den Opfern ja auch nichts. Und wenn man es nicht zeigt, wer glaubt dann schon, dass es wirklich geschehen ist?*

Tina: *Aber man braucht es ja nicht zu zeigen, genau das – wenn die erschossen werden. Man kann es ja auch nur berichten, mit Worten.*

Paul: *Das vergisst man schnell wieder.*

Tina: *Ich finde, man darf nicht alles zeigen, was es gibt. Irgendwelche Terroristen haben einem Gefangenen vor laufender Kamera den Kopf abgeschnitten und das im Internet gesendet. Das darf man doch nicht.*

Paul: *Das waren ja keine Nachrichten.*

Tina: *Wo ist der Unterschied?*

Paul: *Weiß auch nicht. – Schlimm fände ich, wenn man die Menschen persönlich kennen würde. Das würde mir schon was ausmachen. Aber so – stell ich mir einfach vor, dass es ein Spielfilm ist. Und wenn niemand die Bilder sehen wollte, würde man sie erst gar nicht senden.*

Tina: *Aber irgendjemand kennt diese Leute ja auch persönlich. Und gesendet werden die Bilder, weil man damit ja Geld machen kann. Die Bilder werden verkauft. – Als es noch keine Kameras gab, hat man die Bilder gemalt.*

Paul: *Das muss auch ganz schön hart für die Leute sein, die diese Bilder machen. Die sind ja mitten im Krieg drin. Aber gemalte Bilder interessieren mich nicht so. Das wirkt nicht so echt.*

Tina: *Mit der digitalen Fotografie kann man Bilder machen, die echt aussehen, aber gefälscht sind.*

Paul: *Wem kann man da noch glauben?*

Begegnungen mit dem Tod in Kriegsfotos

Ein Kriegsfotograf erzählt

Als die amerikanische 1. Armee im April 1945 Leipzig einnahm, war der Kriegsfotograf Robert Capa dabei. Während einer der letzten Kampfhandlungen am 18. April brachte ein junger amerikanischer Korporal sein Maschinengewehr auf dem Balkon eines Wohnhauses in Stellung, als ihn die Kugel eines deutschen Scharfschützen tödlich traf. Kein gemaltes, sondern ein fotografiertes Bild. Zwei Jahre später beschrieb Capa diese tragische Situation:

Tod eines Milizionärs der republikanischen Regierungstruppen bei Cerro Muriano an der Cordoba-Front in Spanien

Ich kletterte in den vierten Stock um zu sehen, ob das letzte Bild von kriechenden und vorrückenden Infanteristen auch das letzte Kriegsbild für meine Kamera werden würde ... Es war schwierig vom Fenster aus zu feuern, deshalb schoben der Sergeant und einer seiner Leute das Gewehr auf den offenen, ungeschützten Balkon ... Der junge Korporal zog den Abzug und begann zu schießen. Der letzte Mann, der das letzte Gewehr abfeuerte, unterscheidet sich nicht sonderlich von dem ersten. Wenn das Bild in New York ankommt, wird niemand das Bild eines einfachen Soldaten, der ein einfaches Gewehr schießt, haben wollen. Aber der Junge hatte ein klares, offenes, sehr junges Gesicht und sein Gewehr tötete immer noch Faschisten. Ich ... stand ca. zwei Yards entfernt und stellte sein Gesicht in der Kamera scharf. Ich ließ den Verschluss klicken, mein erstes Bild seit Wochen – und das letzte, das den Jungen als Lebenden zeigt. Lautlos entspannte sich der gespannte Körper des Schützen, er stürzte und fiel zurück in die Wohnung. Sein Gesicht hatte sich nicht verändert, abgesehen von einem kleinen Loch zwischen den Augen. Eine Pfütze aus Blut wuchs neben seinem gefallenen Kopf und sein Puls hatte lange aufgehört zu schlagen. Der Sergeant fühlte das Handgelenk, stieg über seinen Körper, griff das Maschinengewehr. Aber er konnte nicht mehr schießen, unsere Leute waren auf der anderen Seite der Brücke angekommen. Ich hatte das Bild des letzten Mannes, der starb. Am letzten Tag starben einige der Besten. Doch die Lebenden werden schnell vergessen.

Robert Capa

- Erörtern Sie das Pro und Contra der Veröffentlichung solcher Fotos.
- Gestalten Sie ein Plakat gegen den Krieg.

TIPP

Sprechen Sie mit alten Menschen über deren Kriegserfahrungen. Erstellen Sie daraus einen Stichwortkatalog.
Bringen Sie die Ergebnisse in den Unterricht ein.

Begegnungen mit dem Tod in Bildern der Kunst

Zum Umgang mit Bildern

1. Spontane Wahrnehmung
Was sehe ich?
Stilles Abtasten und Lesen des Bildes. Brainstorming, spontane, unzensierte Äußerungen. Die Augen über das Bild wandern lassen.

2. Analyse der Formensprache
Wie ist das Bild gebaut?
Systematische Wahrnehmung der Formen (Linien, Ecken, Kanten, Bögen, Kreise ...), Farben (hell, dunkel, schwarz, weiß, bunt ...) und Strukturen (grob, fein, Linien, Maserungen, sandartig ...). Die Einzelheiten und der Zusammenhang des ganzen sichtbaren Formbestandes (Komposition, Zentrum, Hintergrund ...). Bewusstmachung der Bildordnung (was hängt zusammen?). Volle Außenkonzentration.

3. Innenkonzentration
Was löst das Bild in mir aus?
Meine Gefühle und Assoziationen (Wenn ich das Bild sehe, denke ich an ...). Was hat das Bild für eine Stimmung? (heiter, traurig, frech, ...) An was erinnert es mich? Anziehend oder abstoßend?

4. Analyse des Bildgehalts
Was hat das Bild zu bedeuten?
Die Thematik des Bildes; sein Bezug zu einem Text der Bibel oder zu sonstigen Quellen; in welcher Tradition steht das Bild? Was ist neu? Welche Glaubenssichten und Lebenserfahrungen finden sich im Bild?

5. Identifizierung mit dem Bild
Wo siedele ich mich an auf dem Bild?
Sich in das Bild hineinziehen, sich in die Geschichte verwickeln lassen. In welcher Figur finde ich mich am ehesten wieder? An welchem Ort des Bildes möchte ich sein? Wie behandelt mich das Bild als Betrachter? Was erwartet es von mir? Bewirkt es Einverständnis oder Irritation? Kann es mich unmerklich verwandeln? Zieht es mich in seinen Bann? Überlasse ich mich ihm oder sträube ich mich?

Nach Günter Lange

Martin Kippenberger, 1988

Martin Kippenberger (25. Februar 1953 in Dortmund, † 7. März 1997 in Wien) war ein deutscher Maler und Installationskünstler.*
Seine provokanten und ironischen, teils auch absurden Installationen und Bilder sollen neue Blickwinkel eröffnen.

- Gehen Sie die einzelnen Schritte der Bildanalyse an diesem Bild durch.

Otto Dix

Alfred Rethel

Dieter Gross

- Welches Bild bewegt Sie am meisten?
- Arbeiten Sie die Unterschiede und Gemeinsamkeiten der Bilder heraus.
- Welche Aussagen über den Tod werden gemacht?
- Welchen Bildern „glauben" Sie mehr: gemalten oder fotografierten?
- Was sehen Sie?
- Geben Sie den Bildern einen Titel.
- Erschließen Sie die Bildaussage.

Tina & Paul

Tina: *Wie war die Ausstellung?*

Paul: *Suuuuper, manchmal schon etwas herb.*
Für dich wäre es auf jeden Fall nichts gewesen.

Tina: *Das weißt du doch nicht. Ich hätte sie mir auch gerne angeschaut. Aber unser Klassenlehrer musste ja in den Zoo mit uns.*

Paul: *Am Anfang ist man schon geschockt, wenn einen die erste gehäutete Leiche anglotzt. Aber dann gewöhnt man sich schnell dran.*

Tina: *Vielleicht mach ich später doch noch Krankenpflegerin, dann wäre das für mich schon wichtig gewesen.*

Paul: *Stimmt, da siehst du alles. Das Hirn, die Härchen an der Haut, sogar einen Embryo in einer aufgeschnittenen Frau.*

Tina: *Man kann da schon einiges über die Anatomie von Menschen lernen.*

Paul: *Nicht nur Menschen – auch ein Pferd war da.*

Tina: *Ein Pferd. Warum das?*

Paul: *Auf dem Pferd saß ein präparierter Mensch als Reiter. Das ist nicht nur wie eine medizinische Ausstellung, das ist auch irgendwie wie Kunst. Manche Menschen sehen aus wie explodiert. Andere hocken beim Schachspiel da.*

Tina: *Beim Schachspiel? Ich habe Schachspielen von meinem Vater gelernt. Was würdest du sagen, wenn dein Vater sich plastinieren lassen wollte?*

Paul: *Dass er spinnt, das würde ich nicht zulassen.*

Tina: *Ich auch nicht.*

Paul: *Du kennst doch Siri, die Zicke aus meiner Klasse. Die hat hinter einen Vorhang gekotzt.*

Tina: *Echt?*

Paul: *Das Härteste war aber – sie war nicht die Erste.*

Tina: *Dürfen da überhaupt Kinder rein?*

Paul: *Klar waren einige mit ihren Eltern zu sehen. Die haben vielleicht geguckt.*
Ich würde da mein Kind nie reinlassen!

Tina: *Warum? Dir hat die Ausstellung doch super gefallen.*

Paul: *Schon, aber die checken doch gar nicht, was sie da sehen.*

Tina: *Du aber schon.*

Paul: *Klar, ich wusste doch schon vorher, wie ein Mensch von innen aussieht.*

Tina: *Ich auch.*

Plastination

Plastinierter Körper und Besucher in der Ausstellung Körperwelten

Mithilfe der Technik der Plastination gelingt es, verwesliche Präparate für Forschung, Lehre und Demonstrationszwecke lebensnah und dauerhaft zu erhalten. In einem Vakuumprozess werden biologische Präparate dazu mit speziell für diese Technik entwickelten Kunststoffen imprägniert. Plastinierte Präparate sind trocken und geruchsfrei, sie behalten ihr natürliches Oberflächenrelief und sind bis in den mikroskopischen Bereich hinein identisch mit ihrem Zustand vor der Konservierung; selbst mikroskopische Untersuchungen bleiben so weiterhin möglich. Das Verfahren der Plastination beruht auf dem Austausch des Gewebewassers und Gewebefetts durch einen Reaktionskunststoff, wie z. B. Silikonkautschuk, Expoxydharz oder Polyester.

- Geben Sie dem Bild einen Titel.
- Was denken die Betrachter?
- Beschreiben Sie die Körperhaltung der Betrachter.
- Darf man präparierte Menschen der Öffentlichkeit zeigen?
- Kennen Sie weitere Beispiele für die Zurschaustellung präparierter Menschen?
- Diskutieren Sie die Stellungnahme der Kirchen.

TIPP

Fußgänger-Befragung:
Würden Sie die Ausstellung gerne ansehen?
Würden Sie Ihren Körper oder den Körper von Angehörigen für eine Plastination zur Verfügung stellen?

Gemeinsam nehmen die evangelische und die katholische Kirche Stellung zur Ausstellung Körperwelten in Hamburg.
Die unverfügbare Würde des Menschen besteht über den Tod hinaus. Jeder Mensch ist unendlich kostbar. Er ist Ebenbild Gottes. Mit Leib und Seele, mit Geist und Körper, mit Sinnen und Verstand ist er Gottes gute Schöpfung. Die Würde des Menschen, die den Körper mit einbezieht, endet nicht mit dem Tod. Die inszenierte Darstellung und Zurschaustellung von Verstorbenen, ihre willkürliche Verletzung durch eingeschnittene Schubladen oder das Häuten und Ausweiden ihrer Körper versagen den Toten den ihnen gebührenden Respekt.
Stattdessen werden sie zu Gegenständen und Ausstellungsstücken. Christinnen und Christen bemühen sich um die menschliche Begleitung von sterbenden Menschen und eine würdige Gestaltung des Abschieds. Der Umgang mit dem verstorbenen Menschen ist in christlich-abendländischer Tradition durch Respekt gekennzeichnet. Dies bezieht den Leib eines Verstorbenen mit ein. Niemals ist der Körper des Verstorbenen eine bloße Sache, ...
Die Erkenntnis über das Innere des Menschen bedarf nicht der plastinierten Leichen. Kunst und Anatomie bieten in vorzüglichen Zeichnungen und hervorragenden Modellen alle notwendigen Erkenntnismöglichkeiten. Die Plastinate beinhalten keinen neuen Erkenntnisgewinn. Es muss als sicher gelten, dass der Andrang zur Ausstellung Körperwelten wesentlich durch den Schauder der „echten Leichen" bedingt und nicht auf vertieftes Interesse am menschlichen Körper zurückzuführen ist. Es scheint hier nicht das helle Licht der Aufklärung, sondern es werden voyeuristische und kommerzielle Interessen bedient.

Soliman

Der Austroafrikaner bzw. Afroösterreicher Angelo Soliman ist bis heute so bekannt, weil er nach seinem Tod 1796 ausgestopft wurde und bis 1806 zehn Jahre in der zoologischen Abteilung des Wiener k.k. Naturalienkabinetts stand, bevor sein Präparat 1848 im Dachmagazin verbrannte. Die zoologische Abteilung war von Direktor Abbé Simon Eberle in passend dekorierten Zimmern als eine Folge verschiedener Landschaftsdarstellungen konzipiert worden, die durch ihre Ausstattung mit naturalistisch bemalten Rückwänden, künstlichen Felsen, Bäumen, ausgestopften Tieren usw. die Illusion der Echtheit hervorrufen sollten.

„Angelo Soliman war in stehender Stellung mit zurückgerücktem rechten Fuße und vorgestreckter linker Hand dargestellt, mit einem Federgürtel um die Lenden und einer Federkrone auf dem Haupt, die beide aus roten, weißen und blauen, abwechselnd aneinander gereihten Straußenfedern zusammengesetzt waren. Arme und Beine waren mit einer Schnur weißer Glasperlen geziert und eine breite, aus gelblichweißen Münz-Porzellanschnecken (Cypraea moneta) zierlich geflochtene Halskette hing tief bis an die Brust herab."

Soliman hat wohl durch seine eigene Entscheidung zu Lebzeiten seinen Körper gespendet, er hat die Ausstellungskonzeption mitgetragen, in der neben ausgestopften Tieren auch ausgestopfte Menschen afrikanischen Ursprungs zu sehen waren; er hat auch im wahrsten Sinne des Wortes seine schwarze Haut zu Markte getragen.

Angelo Soliman, Stich, 18. Jahrhundert

Um 1721	Geboren vermutlich im heutigen Nordostnigeria als Angehöriger des Kanuri-Volkes.
Um 1728	Als Sklave bis nach Nordafrika verschleppt.
Um 1730	Nach Messina in den Haushalt einer Marquise freigekauft. Lernt dort Italienisch, erhält Unterricht. Katholisch getauft auf den selbst gewählten Namen „Angelo" mit dem Zusatz „Soliman".
1732/34 - 1753	Im Hofstaat des Fürsten Johann Georg Christian von Lobkowitz. Später sein Kriegskamerad und Kammerdiener. Rettet ihm in der Schlacht das Leben. Dies begründet sein Sozialprestige. Lebt fortan meist in Wien.
Ab 1753	In Diensten des Fürsten Joseph Wenzel von Liechtenstein als Erster (d. h. oberster) Kammerdiener und Vertrauter.
1768	Heirat mit Magdalena (1734-1786), geb. von Kellermann, verw. Christiani, ohne die für alle Angestellten obligatorische Genehmigung. Entlassung.
1773	Soliman beherrscht sieben Sprachen, beschäftigt sich mit den Wissenschaften, besitzt einen illustren Freundeskreis und genießt den allerbesten Ruf. Fürst Franz Joseph von Liechtenstein stellt ihn als Erzieher seines Sohnes Erbprinz Alois Joseph ein.
1781	Pensionierung mit Rente. Eintritt in eine Freimaurerloge, zu der die wichtigsten Wiener Naturwissenschaftler gehören.
1796	Tod durch Schlaganfall. Die Haut wird abgezogen und ausgestopft. Begraben werden die Eingeweide. Aufgrund eines Abgusses entsteht eine Gipsbüste. Sie ist heute im „Rollettmuseum" in Baden bei Wien zu sehen.
1796/97-1806	Soliman steht ausgestopft und in einem Fantasiekostüm im k. k. Naturalienkabinett/Zoologische Abteilung. Danach Entfernung.
1848	Solimans Stopfpräparat verbrennt bei einem Feuer im Magazin.

- Bewerten Sie diese Form des Ausstellens menschlicher Präparate.
- Deuten Sie die Metapher „seine Haut zu Markte tragen".

Orientierungswissen 1: Begegnungen mit dem Tod

Sterben und Tod in unserer Lebenswelt

Der Tod ist eine Realität unseres Lebens. Er begegnet uns in verschiedensten Formen: als Verkehrsunfall, im Tod am Arbeitsplatz, in der Diskussion um den Hirntod oder einfach in der konkreten Begegnung mit dem Tod von Angehörigen. In der Frage nach der eigenen Zukunft stellt sich sehr oft auch die Frage nach dem eigenen Tod – und was danach kommt. Auch der Tod von Verwandten, Eltern oder Mitschülern lässt die Frage nach dem „Warum?“ und nach dem „Wohin?“ aufbrechen.

Kompetenzen im Umgang mit Leid, Sterben und Tod

Für die Entwicklung von Selbst-Bewusstsein und Selbst-Stand ist es von elementarer Bedeutung, nicht nur an der Oberfläche des Lebens zu bleiben, sondern auch tiefer zu fragen, was das Leben ist und was vom Leben bleibt. Die Begegnung mit dem Tod in seinen verschiedensten Formen regt uns zu solch einem vertieften Verständnis an. Wer sich getraut, sich auf solche Fragen einzulassen, der wird sich verändern, wird ein ernsthafterer Gesprächspartner; er wird auch nicht mehr so schnell hereinfallen auf scheinbar tolle Angebote eines grenzenlosen, freien und sorglosen Lebens ...

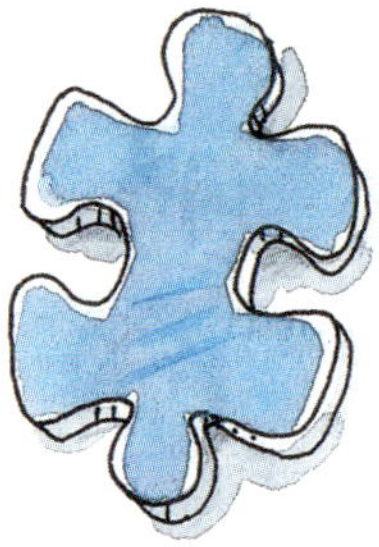

Christliche Leitlinien im Umgang mit dem Tod

Für Christinnen und Christen ist die Begegnung mit dem Tod zunächst ebenso traurig und rätselhaft wie für alle anderen Menschen. Schon die Geschichte der Bestattung wie auch zahlreiche Dokumente der Kunst bezeugen aber eine zweite Wahrheit: Der Tod hat nicht das letzte Wort. Er ist nicht das Ende der Geschichte eines Menschen. Die Reich-Gottes-Botschaft Jesu hält in Christen die Hoffnung des „vielleicht doch ...“ lebendig. Darum gebührt dem Menschen auch nach dem Tod Respekt. Dies bezieht den Leib des Verstorbenen mit ein.

Tina & Paul

Paul: *Ich habe gehört, dass irgendwo auf irgendeinem Friedhof irgendeiner war, der scheintot war.*

Tina: *Was meinst du?*

Paul: *Die haben wohl alte Gräber ausgehoben und da haben die eins entdeckt, wo der Tote anders drin lag, als man die sonst bestattet. Und Kratzspuren waren innen im Sarg.*

Tina: *Das ist ja die absolute Horror-Vorstellung.*

Paul: *Find ich auch – lebendig begraben.*

Tina: *Früher hat man doch so Glöckchen mit der Hand des Toten verbunden.*

Paul: *Ja und dann hat es ständig geläutet. Aber scheintot war keiner. Das waren Scherzkekse oder der Wind oder sonst etwas.*

Tina: *Man muss doch merken, wenn ein Mensch tot ist.*

Paul: *Ja spätestens, wenn er stinkt.*

Tina: *Sei doch mal ernst.*

Paul: *Bin ich, das stimmt doch.*

Tina: *Wenn man nicht mehr atmet.*

Paul: *Das haben die früher bestimmt auch gedacht und schon war man lebendig begraben. – Die haben im Winter ein Kind wiederbelebt, das hat über eine halbe Stunde im Wasser gelegen. Unter dem Eis. Da hat es bestimmt auch nicht geatmet. Auch das Herz hat da nicht mehr geschlagen.*

Tina: *Vielleicht ganz langsam.*

Paul: *Keine Ahnung.*

Tina: *Auf jeden Fall weiß man heute, wann ein Mensch tot ist – nämlich wenn er keine Hirnströme mehr hat.*

Paul: *Bist du dir da sicher? Die früher waren sich auch immer sicher.*

Tina: *Du machst mich ganz nervös. Wann ist man denn nun richtig tot?*

Paul: *Ich hab's doch schon gesagt: Wenn du stinkst!*

Tina: *Dann müsstest du aber auch tot sein.*

Paul: *Sei doch mal ernst.*

Nahtod

Ich sah mich auf dem Operationstisch liegen und hörte genau, was die Ärzte sagten.

Da lief mein ganzes Leben noch einmal wie ein Film ab.

Ich kam wie durch einen Tunnel zum Licht hin.

Es war gar nicht schlimm, es war sehr schön.

Es war, als ob man mich nach oben zieht.

So oder so ähnlich hören sich Berichte von Menschen an, die eine Nahtod-Erfahrung gemacht haben. Menschen, die einen Unfall nur knapp überlebten, oder Menschen, die auf dem Operationstisch dem Tod sehr nahe waren.

Es war die Medizinerin Elisabeth Kübler-Ross, die in ihrem Buch „Interviews mit Sterbenden" 1969 erstmals solche Berichte veröffentlichte. Ihr fiel auf, dass viele Sterbende Ähnliches erfahren hatten: die Trennung vom Körper, die Rückschau auf ihr Leben, eine Reise durch einen Tunnel und die beglückende Wahrnehmung eines Lichts. Solche Standarderfahrungen bestätigte auch Raymond A. Moody, dessen Buch „Leben nach dem Tod" 1975 in kurzer Zeit Millionenauflagen erreichte. Beide Forscher vermitteln ein angenehmes Bild vom Sterben.

Zu einem ganz anderen Ergebnis kommt der Soziologe Hubert Knoblauch in seinem Buch „Berichte aus dem Jenseits. Mythos und Realität der Nahtod-Erfahrung" von 1999. Er befragte über zweitausend Menschen nach ihren Erlebnissen mit dem Tod. Über vier Prozent der Befragten hatten nach eigenen Angaben ein solches Erlebnis. Den schönen Tod, der sich an gewisse Regeln hält, konnte Knoblauch nicht bestätigen. Die Erlebnisse waren so unterschiedlich, dass sie sich seiner Meinung nach nicht verallgemeinern lassen. Und sie waren auch nicht immer angenehm: 60 Prozent der Ostdeutschen und 30 Prozent der Westdeutschen erlebten die Hölle. Dies zeigt, so Knoblauch, dass die Nahtod-Erfahrung abhängig von der Kultur ist, in der man lebt. „Die ganze Bauart des Jenseits, die bei der Nahtod-Erfahrung angetroffen wird, ist natürlich aus dem Diesseits", meint er.

- Geben Sie die beiden Ansätze zur Nahtod-Forschung wieder.
- Recherchieren Sie in Gruppen zu den Namen Kübler-Ross, A. Moody, H. Knoblauch im Internet und präsentieren Sie Ihre Ergebnisse in der Klasse.
- Welche weiteren Fragen ergeben sich?

Laden Sie Pfarrer, Ärzte oder Pflegepersonal in den Unterricht ein.
Befragen Sie sie zu den Aussagen von Kübler-Ross, Moody und Knoblauch.

Die fünf Sterbephasen nach Elisabeth Kübler-Ross

Alle unsere Patienten reagierten auf die verhängnisvolle Nachricht in einer Weise, die offenbar für die menschliche Reaktion auf jede unerwartete schwere Belastung typisch ist: mit Schock und Ungläubigkeit. Das *Nichtwahrhaben-Wollen* konnte ein paar Sekunden und konnte auch Monate dauern, wie aus den hier wiedergegebenen Interviews hervorgeht. Das Leugnen war niemals vollständig. Danach herrschten *Ärger und Zorn* vor, die sich auf vielfältige Weise äußerten, manchmal durchaus realistisch auf das Verhalten von Pflegepersonal und Familie bezogen waren, in anderen Fällen aber geradezu irrational oder als Wiederholungen früherer Erfahrungen auftraten ...War die Umgebung fähig, den Zorn ohne eigene Verärgerung hinzunehmen, erleichterte sie damit dem Kranken die nächste Phase, das *Verhandeln*, dem die *Depression*, das nächste Stadium auf dem Wege zur endgültigen *Ergebung* und Loslösung, folgte. Alle Beobachtungen weisen darauf hin, dass sich die einzelnen Phasen nicht klar abgrenzen lassen, sondern auch nebeneinander existieren. Viele Patienten haben die Phase endgültiger Hinnahme ohne Hilfe von außen erreicht, andere brauchten Unterstützung, wenn sie in Würde und Frieden sterben sollten.

Auf jeden Fall aber hielten alle Patienten bis zum letzten Augenblick an der Hoffnung fest und diejenigen, denen man die Diagnose eines unheilbaren Leidens mitgeteilt hatte, ohne ihnen auch die geringste Hoffnung zu lassen, waren am tiefsten betroffen und söhnten sich niemals völlig mit dem Menschen aus, der ihnen die Mitteilung auf so grausame Weise gemacht hatte. Wir täten gut daran, nicht zu vergessen, dass unsere sämtlichen Patienten die Hoffnung niemals ganz aufgegeben haben! Sie äußerte sich in unterschiedlichen Vorstellungen, von der Hoffnung auf ein Wunder Gottes bis zu der Illusion, dass die Röntgenbilder vertauscht worden seien. Ob wir nun mit dem Patienten übereinstimmen oder nicht: Die Hoffnung dürfen wir ihm nicht nehmen. Obwohl unsere Kranken bereit waren, offen über Tod und Sterben zu sprechen, gaben sie zu erkennen, wann sie das Thema wechseln wollten; Zeitpunkt und Dauer der Aussprache mussten sie selbst bestimmen können.

Wenn man weiß, auf welche Weise jemand Konfliktsituationen bewältigt hat, kann man bis zu einem gewissen Grad vorhersagen, welche Bewältigungsmechanismen er in der letzten Krise seines Lebens einsetzen wird. Einfache Menschen mit geringer Bildung, geringeren geistigen Ansprüchen und wenig gesellschaftlichen Kontakten scheinen allgemein nicht so große Schwierigkeiten in der Überwindung der letzten Leidensphasen zu haben wie wohlhabende Leute, die materiellen Wohlstand und eine ganze Reihe gesellschaftlicher Beziehungen aufgeben müssen. Offenbar sind diejenigen, die Mühe und harte Arbeit kennen, die ihre Kinder aufgezogen und Befriedigung in ihrer Tätigkeit gefunden haben, eher imstande, dem Tod mit Würde und Fassung entgegenzutreten, als diejenigen, die gewohnt waren, ihre Umgebung zu beherrschen, denen es nicht an gesellschaftlichen Kontakten, aber an sinnvollen menschlichen Beziehungen für die Zeit des letzten Leidens fehlt.

Religiös gebundene Kranke verhalten sich kaum anders als die Patienten ohne Glauben; der Unterschied ist schwer anzugeben, zumal wir nicht definiert haben, was wir unter einem gläubigen Menschen verstehen. Immerhin lässt sich behaupten, dass wir nur auf sehr wenige wahrhaft überzeugte Gläubige gestoßen sind.

Elisabeth Kübler-Ross

- Wie reagieren die Patienten auf die Ankündigung ihres Todes?
- Setzen Sie die fünf Phasen in ein Schaubild um.
- Welche Regeln für den Umgang mit Sterbenden lassen sich formulieren?

Tot oder lebendig?

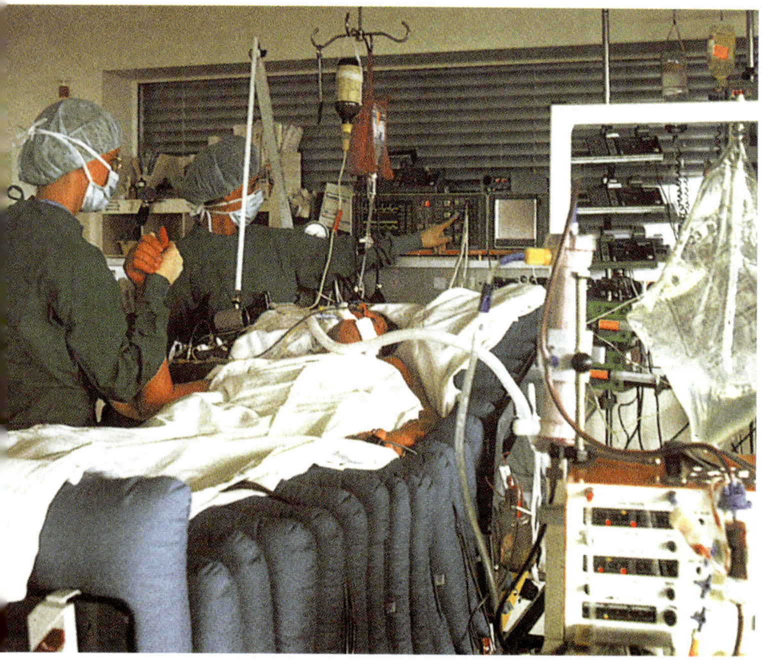

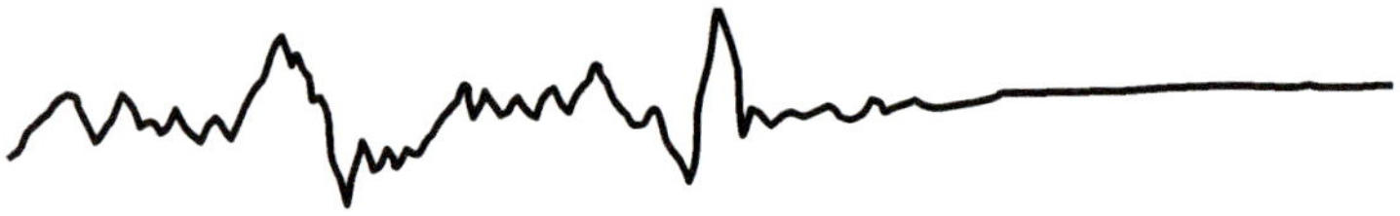

Früher wurden Verstorbene drei Tage aufgebahrt, bis auch äußerliche Todeszeichen erkennbar waren. Die so genannten Totenflecken entstehen durch das Absinken des Blutes etwa eine halbe bis eine Stunde nach dem Tod. Die Totenstarre setzt nach vier bis zwölf Stunden ein.
Im deutschen Recht gibt es keine gesetzliche Bestimmung zur Frage, wann der Tod eingetreten ist. Überwiegend wird der Hirntod als Todeszeitpunkt angenommen. Nach dem Transplantationsgesetz ist eine Organentnahme nur nach dem Hirntod erlaubt. Mit dem Tod endet die Rechtsfähigkeit des Menschen. Bei erbrechtlichen Fragen kann daher der genaue Todeszeitpunkt eine Rolle spielen.

- Welche sicheren Anzeichen für den Tod eines Menschen kennen Sie?
- Was sind für Sie keine sicheren Todeszeichen?

Interview mit dem Arzt für Allgemeinmedizin und Theologen Dr. med. Helmut Schempp

Wann gilt der Mensch zweifelsfrei als tot?
Seit drei Jahrzehnten gilt der Nachweis des Hirntodes weltweit als sicheres Todeszeichen. Danach beruht die Todesfeststellung auf der Diagnose des endgültigen, nicht behebbaren Ausfalls der gesamten Hirnfunktion. Dieser Tod schließt eine durch kontrollierte apparative oder künstliche Beatmung noch aufrechterhaltene Herz- und Kreislauffunktion nicht aus. Die Kriterien zur Feststellung des Hirntodes sind exakt festgelegt und müssen von zwei geeigneten Ärzten nach Vorlage eines Protokolls überprüft und dokumentiert werden. Klinische Voraussetzungen sind Bewusstlosigkeit (Koma, Hirnstamm-Areflexie (= Fehlen aller Eigen- oder Fremdreflexe) und Atemstillstand. Dazu gehören fest vorgesehene Beobachtungszeiten, die jedoch durch ergänzende Untersuchungen (u. a. EEG) erheblich verkürzt werden können.
Der Hirntod ist nicht das Ende jedes körperlichen Lebens. Man geht jedoch davon aus, dass mit dem völligen und endgültigen Ausfall der Tätigkeit seines Gehirns der betroffene Mensch aufgehört hat, ein Lebewesen in körperlich-geistiger oder leiblich-seelischer Einheit zu sein. Deshalb ist ein Mensch tot, dessen Gehirn völlig und endgültig ausgefallen ist. Dieser Meinung stimmen jedoch keineswegs alle Kulturen und Menschen zu.
Der Tod, wie er beispielsweise nach den Kriterien der Leichenschau festgestellt wird, setzt das Ende aller Organe in ihrer Lebensfunktion voraus, d. h. es müssen sämtliche Kriterien des Hirntodes erfüllt sein, und es muss der Nachweis erbracht werden, dass sämtliche Herz- und Kreislauffunktionen erloschen sind.

Helmut Schempp

- Wann ist der Mensch tot?
- Erklären Sie als Arzt einem Angehörigen den Tod des Patienten.

TIPP

Laden Sie Ärzte oder Pflegepersonal eines Krankenhauses ein, die Sie zum Thema interviewen.

Sichere und unsichere Todeszeichen

Sichere Todeszeichen sind:
- Totenstarre (Rigor mortis, Leichenstarre)
- Verwesung (Autolyse)
- Totenflecke (Livores)
- Verletzungen, die ein Überleben unmöglich machen (z. B. Rumpfabtrennung).

Keine sicheren Todeszeichen sind:
- fehlende Atmung
- fehlender Puls
- fehlender Herzschlag
- Bewusstlosigkeit
- Unterkühlung
- komplette Lähmung aller Muskeln

Scheintod und Scheintodängste

Die Scheintodängste reichen bis ins Mittelalter zurück. 1357 soll auf dem Kölner Friedhof eine Frau namens Richmuth ihrem Grab entstiegen sein, als der Totengräber und sein Knecht es öffneten, um sie ihrer Grabbeigaben zu berauben. Doch zur kollektiven Angst, ja Hysterie, geriet die Vorstellung vom Scheintod erst im 18. und dann vor allem im 19. Jahrhundert. Der Scheintote, so glaubte man, verfüge über einen fortdauernden Blutkreislauf, ein intaktes Nervensystem und alle weiteren lebenswichtigen Funktionen, wenn auch auf ein Minimum beschränkt (vita minima, vita reducta). Dies führte zu teilweise kurios anmutenden Vorsichtsmaßnahmen und testamentarischen Bestimmungen vom Abtrennen des kleinen Fingers bis hin zur Enthauptung. Man forderte eine gewissenhafte Feststellung des Todes und die beginnende Verwesung als Voraussetzung für die Freigabe der Leiche zur Bestattung. In Graz vollzog man bis ins 20. Jahrhundert den Herzstich um sicherzustellen, dass der zu Beerdigende tatsächlich tot sei: War er es nicht bereits, so dann mit Sicherheit.

Drei Forderungen sollten ein frühzeitiges Begräbnis verhindern: a) die ausreichende Wartezeit bis zum Begräbnis, b) die gewissenhafte Feststellung des Todes und c) der Bau von Leichenhäusern. Die letzte Forderung erfüllte sich 1792 mit dem ersten Leichenhaus Deutschlands in Weimar. Als ideales Leichenhaus wurde ein Rundbau angesehen mit dem Zimmer für eine Aufsichtsperson in der Mitte; von hier aus konnte man die Körper der Verstorbenen beobachten und eventuelle Lebenszeichen wahrnehmen. In Weimar unterstützte den Wächter ein akustisches Signal, das durch eine Konstruktion aus Fäden und Glöckchen, die an den Fingern und Zehen der Leichen befestigt waren, hervorgerufen wurde. Diese Erfindung des Begründers des Leichenhauses, Dr. Christoph Wilhelm Hufeland, diente dazu, auch die kleinste Bewegung eines „Patienten" zu melden.

In einer Zeit, in der weder EKG (zur Messung der Herzfrequenz) noch EEG (zur Messung der Hirnströme) zur Verfügung standen, musste man sich anderer Techniken bedienen, um den Scheintod vom wirklichen Tod unterscheiden zu können. So galt das Fehlen des Blutkreislaufes als sicheres Zeichen für den eingetretenen Tod, den man u. a. durch Injektion von Fluoreszin in die unteren Gliedmaßen, was bei bestehendem Blutkreislauf zu einer gelben und grünen Verfärbung der Haut führte, oder durch Einträufeln von Dionin ins Auge, das bei intaktem Blutkreislauf eine Schwellung und Rötung hervorrief, feststellte. Erwachte aber ein Scheintoter im Grab aus seiner kataleptischen Starre, hatte der nun „Neugeborene" gemäß den Vorschlägen der Ärzte drei Möglichkeiten: a) Begräbnis ohne Sarg, um im Falle des Erwachens ein sofortiges Ersticken herbeizuführen, b) die Verwendung von Särgen, deren Inneres mit toxischen Gasen gefüllt ist, und c) die Verbrennung des Leichnams bei extrem hoher Temperatur, um ein Aufwachen zu verhindern.

Franziska Christiansen

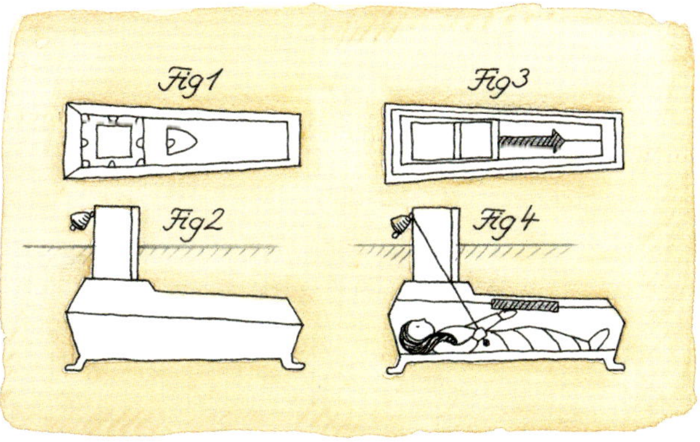

Patent eines Sicherheitssarges

1822 konstruierte ein Arzt einen Sarg, der über eine eingebaute Röhre mit der Erdoberfläche verbunden war. Durch diese drangen Luft und Licht. Richard Strauss aus Schlesien entwickelte sogar Sicherheitssärge mit eingebauten Lampen. In Österreich können heute noch Menschen testamentarisch verfügen, dass ein Arzt den „Herzstich" durchführt, um ihnen ein schreckliches Schicksal im Grab zu ersparen. Doch mit dem Herzstich ließe sich natürlich kein Scheintoter retten.

Orientierungswissen 2: Sterben und Tod wissenschaftlich

Wann ist ein Mensch tot? – Eine gesellschaftlich relevante Diskussion

Wann beginnt das Leben? – Bei der Zeugung oder erst bei der Geburt?
Wann endet das Leben? – Bei fehlender Atmung oder erst beim Hirntod?
Solche scheinbar theoretischen Fragen können schnell praktisch, wichtig werden, wenn man z. B. im Sterbeprozess eines nahen Angehörigen die Frage nach der Entnahme von Organen stellt oder wenn ein scheinbar Toter mit lebensverlängernden medizinischen Maßnahmen behandelt werden soll.

Kompetenzen im Umgang mit wissenschaftlichen Fragen

Die Fragen nach Leben und Tod bestimmen immer wieder die gesellschaftliche Diskussion und fordern dazu heraus, selbst Stellung nehmen und Position beziehen zu können. Um mitreden zu können braucht es fachlich-wissenschaftliche Informationen – sonst wird das Gespräch schnell zu einer „Stammtisch-Diskussion“, die sich in Parolen erschöpft, aber keine ernsthafte Auseinandersetzung erbringt. Gerade in Betrieben werden komplexe Themen oft nur oberflächlich behandelt. Hier ist es wichtig, verschiedene Meinungen gehört und für sich abgewogen zu haben.

Christlicher Glaube und Wissenschaft

Oftmals wird Religionen vorgeworfen, sie beschäftigten sich nicht mit wissenschaftlichen Fragestellungen oder würden diese ablehnen. Glaube und Vernunft sind aber keine Gegensätze, sondern gehören zusammen. Wissenschaften können die Fragen nach dem übergreifenden Sinn zwar nicht beantworten, aber sie machen deutlich, in welchem Horizont sich diese Fragestellungen bewegen. Sie sind daher für ein christlich motiviertes ethisches Handeln unerlässlich. Hierher gehört z. B. die Frage nach dem Todeszeitpunkt ebenso wie die Erforschung der Sterbephasen nach Kübler-Ross. Religion geht aber weiter als die Wissenschaft und greift aus auf einen letzten Sinn.

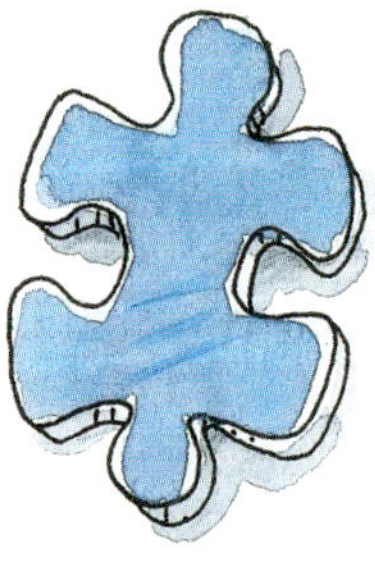

Tina & Paul

Tina: *Hast du gestern den Film gesehen, in dem der Serienmörder immer nachts zugeschlagen hat? War voll gruselig.*

Paul: *Nein, war im anderen Programm. War besser, „Stirb langsam" mit Bruce Willis.*

Tina: *Kenn ich. Ich hab mir gleichzeitig noch „Spiel mir das Lied vom Tod" aufgenommen, schau ich mir heute Abend dann an, es kommt eh nur Schrott.*

Paul: *Kann ich da kommen, den Film haben meine Eltern schon vor Jahrzehnten angeschaut, muss aber trotzdem gut sein. Die Alten blockieren heute sowieso den Fernseher. Wollen etwas über Sterbehilfe anschauen. Wegen der Oma.*

Tina: *Wie geht es deiner Oma?*

Paul: *Es geht bergab.*

Tina: *Stirbt sie bald?*

Paul: *Keine Ahnung. Ich möchte jetzt nicht über den Tod reden.*

Der heutige Mensch und sein Verhältnis zum Tod

Man sagt heute vielfach, dass Sterben und Tod das große Tabu unserer heutigen Gesellschaft seien. Trifft das wirklich zu? Wurde denn je eine Generation mehr mit dem Tod konfrontiert als die unsere? Noch haben wir die Millionenzahlen von Toten, die der Zweite Weltkrieg, Hitlers Konzentrationslager und die Bomben von Hiroshima und Nagasaki gefordert haben, vor Augen. Und was wir in den Nachrichten oder Zeitungen von Unglücksfällen und Katastrophen vernehmen, wird uns am Abend im Fernsehen vor Augen geführt: kaum eine Tagesschau ohne Tote! Tote des Elends und der Zerstörung, des Terrorismus und der Kriege. Ganz zu schweigen von den fiktiven Toten, die wir uns in Krimis, Western, Tragödien auch noch zur Unterhaltung servieren lassen. Wer wird da noch von einer *Tabuisierung des Todes* sprechen können?

Hans Küng

Hans Küng nahm als Konzilsberater am Zweiten Vatikanischen Konzil teil. Zu seinen Hauptwerken zählen *Die Kirche*, *Unfehlbar?*, *Christ sein*, *Existiert Gott?*, *Ewiges Leben?* und *Projekt Weltethos*. Seine Schriften beschäftigen sich mit Fragen der Ökumene und setzen sich kritisch mit kirchlichen Strukturen auseinander. Dies führte zu Kontroversen mit dem katholischen Lehramt. 1979 wurde ihm die kirchliche Lehrerlaubnis (*Missio canonica*) entzogen. 1980 wurde Küng Professor für ökumenische Theologie an der Universität Tübingen. Im Februar 1992 emeritierte Küng und widmet sich seither noch stärker der *Stiftung Weltethos für interkulturelle und interreligiöse Forschung – Bildung – Begegnung*, deren Präsident er ist.

„Da bekam ich eine Gänsehaut vor Angst, als die Frau unter der Dusche erstochen wurde.“

Heike, 15 Jahre

„Das macht mir nichts aus, wenn man da echte Tote oder Blut sieht.“

Klaus, 17 Jahre

„So zu werben ist ekelhaft.“

Sibel, 15 Jahre

„Die machen wenigstens auf was aufmerksam.“

Marko, 16 Jahre

Kleidung eines im Krieg erschossenen Soldaten

- Erklären Sie den Begriff „Tabu“.
- Was sind typische Tabu-Themen?
- Beurteilen Sie die Aussage Küngs.
- Wie geht unsere Gesellschaft mit dem Thema Tod um in:
  - Nachrichten (Gruppe 1)
  - Film / Unterhaltung (Gruppe 2)
  - Werbung (Gruppe 3)
  - Todesanzeigen (Gruppe 4)
  - Bestattungsbräuchen? (Gruppe 5)

Der fiktive Tod: In sämtlichen Genres des Films, Tragödien, Krimis, Western, Action- und Horrorfilmen, selbst in Komödien und Zeichentrickfilmen taucht das Thema Tod auf. Sterben und Tod im Spielfilm bewegen uns emotional.

- Nennen Sie einen Film, der Sie mit einer Todes-Szene sehr bewegt hat.
- Beschreiben Sie diese Szene.
- Warum hat diese Szene Sie so berührt?
- Spielen Sie die zentrale Szene nach.
- Wie wirkt sie jetzt auf die Mitschüler?
- Mit welchen Mitteln wird der Tod im Film inszeniert?

Nachrichten konfrontieren uns mit realen Kriegs-, Terror-, Unfall- und Katastrophentoten. Aber auch der Tod prominenter Menschen wird zum Gegenstand der Berichterstattung. Oft haben wir zu dieser Form der Darstellung eine emotionale Distanz.

- Warum lässt uns dieser mediale, aber reale Tod oft kalt?
- Sammeln Sie Nachrichten vom Tod aus Zeitschriften.
- Nehmen Sie ein Schicksal und beschreiben Sie „Die letzte Stunde“.

Die sprachliche Verschleierung hilft den Trauernden den Tod zu verarbeiten. Die Angehörigen sind aus Trauer oft noch nicht fähig, das tatsächlich Geschehene zu artikulieren. Seit dem Altertum sind Trauerriten bekannt, die den Trauernden eine Entlastung verschaffen. Die Begleitung Trauernder und die Bemühungen um Trost sind wesentliche Aufgaben christlicher Solidarität.

> Unser lieber Vater ist von uns gegangen.
> Unsere geliebte Tochter ist für immer nach Hause gegangen.
> Unsere liebe Mutter hat von uns Abschied genommen.
> Unser lieber Sohn ist zum Vater gegangen.

- Wie gehen Sie mit Ihrer Trauer um?
- Suchen Sie Synonyme für „Tod“ und „Sterben“.

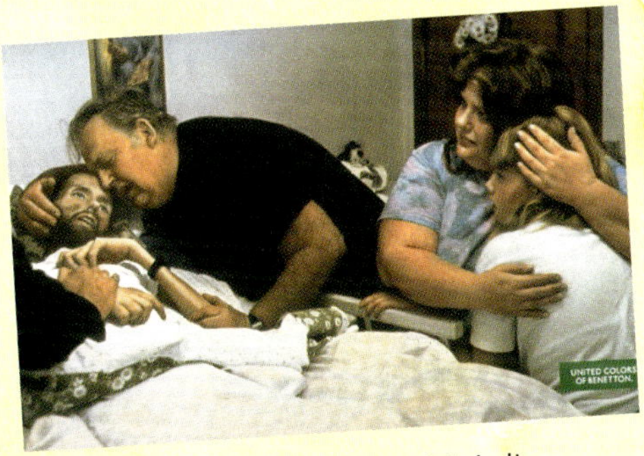

In der Produktwerbung sind Schönheit, Jugend, Sex wichtige Werte. Der Tod wird größtenteils noch tabuisiert. Wenn, dann wird er meist humoristisch eingesetzt. Ausnahme war „benetton“, die in ihrer Schock-Werbung gesellschaftlich brisante Themen aufnahm.

- Darf man so werben?

Tina & Paul

Tina: *Wie geht's deiner Oma?*
Paul: *Mal so, mal so, sie wird halt immer schwächer.*
Tina: *Gefällt' s ihr im Heim?*
Paul: *Nein.*
Tina: *Warum nehmt ihr sie nicht nach Hause?*
Paul: *Meine Eltern arbeiten beide. Mein Zimmer könnte ich ja hergeben. Lange geht es eh nicht mehr, sagt der Arzt.*
Tina: *Kommt sie ins Krankenhaus?*
Paul: *Sieht so aus.*
Tina: *Was hat sie denn?*
Paul: *Eigentlich stirbt sie nur.*
Tina: *Wie alt ist sie?*
Paul: *Nächsten Samstag wird sie 88. Das will sie noch schaffen.*
Aber nicht im Krankenhaus, hat sie gesagt.
Tina: *Kann man sie denn im Heim nicht so versorgen, dass sie wenigstens nicht ins Krankenhaus muss?*
Paul: *Ich weiß das auch nicht so genau, das ist nur ein Altenheim und kein Pflegeheim.*
Und jetzt wird sie eben ins Krankenhaus gebracht, weil sie so schwach ist.
Tina: *Da ist sie wenigstens gut versorgt und bekommt dann auch Medikamente, damit sie nicht leiden muss.*
Paul: *Ich glaube, es wäre ihr lieber, zu Hause zu sterben.*
Tina: *Ich denke, es ist am schlimmsten, wenn man alleine stirbt.*
Paul: *Wenn's geht, will ich dabei sein.*
Tina: *Ich weiß nicht, ob ich das könnte.*
Paul: *Aber alleine sterben willst du auch nicht!*

Alt und Jung

Weltlauf

Ein Mensch, erst zwanzig Jahre alt,
beurteilt Greise ziemlich kalt
und hält sie für verkalkte Deppen,
die zwecklos sich durchs Dasein schleppen.
Der Mensch, der junge, wird nicht jünger:
Nun, was wuchs denn auf *seinem* Dünger?
Auch er sieht, dass trotz Sturm und Drang,
was er erstrebt, zumeist misslang,
dass, auf der Welt als Mensch und Christ
zu leben, nicht ganz einfach ist,
hingegen leicht, an Herrn mit Titeln
und Würden schnöd herumzukritteln.
Der Mensch, nunmehr bedeutend älter,
beurteilt jetzt die Jugend kälter,
vergessend frühres Sich-Erdreisten:
„Die Rotzer sollen erst was leisten!"
Die Jugend wiedrum hält ...
Genug – das ist der Lauf der Welt.

Eugen Roth

Ein bitteres Plädoyer in der Generationendebatte

Das wollt ihr natürlich nicht mehr sehen, aber das sind wir, als alles kaputt war. Ärmel hochgekrempelt und ran. Wir und unsere Eltern haben Deutschland aufgebaut, zu dem gemacht, was es heute ist. Geschuftet haben wir, damit es euch mal besser geht. Sechs Tage die Woche und nicht nur 38 Stunden und immer geklebt. Brave Bürger, die ihre Pflicht tun.
Euch haben wir in die Welt gesetzt und eure Geschwister. Und ihr? Steht in Strandbars rum, schlürft am Cocktail, für uns tat es ein Bierchen. Und ihr zeigt mit Fingern auf uns Schmarotzer: Nicht mal mehr eine Hüfte soll drin sein. Wegschließen uns Alte, das wäre euch gerade recht.
Wir waren am Wannsee, ihr seht die Welt. Honolulu, Rio, Segeljacht – ihr hängt auf Brettern und fliegt durch die Luft, immer höher – toll. Den ganzen Tag Selbstverwirklichung. Aber wo sind eure Kinder? Wo ist euer Beitrag, dass es weitergeht? 1,4 Kinder im Schnitt, ist das eure Gerechtigkeit der Generationen? Wir zu teuer? Vollkasko-Rentner? Freut euch doch, dass ihr uns so lange habt. Sterbegeld ist gestrichen und das Häuschen bekommt ihr sowieso. Und auch das, informiert euch erst mal, wir richtig Alten sind nämlich gar nicht teuer, sagen Wissenschaftler, weil wir teure Operationen gar nicht nötig haben, vielleicht mal eine Hüfte. Leistet ihr erst einmal was, ihr undankbares Pack. Wir haben genug getan.

- Recherchieren Sie im Internet zur Situation alter Menschen.
- Nehmen Sie Stellung zum Plädoyer.
- Entspricht das Gedicht von Eugen Roth der Realität?
- Welche Vorurteile zwischen Jungen und Alten kennen Sie?
- Wie können die Generationen sich näher kommen?

Alt sein im Märchen

Der alte Großvater und sein Enkel

Es war einmal ein steinalter Mann, dem waren die Augen trüb geworden, die Ohren taub und die Knie zitterten ihm. Wenn er nun bei Tische saß und den Löffel kaum halten konnte, schüttete er Suppe auf das Tischtuch und es floss ihm auch etwas wieder aus dem Mund. Sein Sohn und dessen Frau ekelten sich davor und deswegen musste sich der alte Großvater endlich hinter den Ofen in die Ecke setzen und sie gaben ihm sein Essen in ein irdenes Schüsselchen und noch dazu nicht einmal satt; da sah er betrübt nach dem Tisch und die Augen wurden ihm nass. Einmal auch konnten seine zittrigen Hände das Schüsselchen nicht festhalten, es fiel zur Erde und zerbrach. Die junge Frau schalt, er sagte nichts und seufzte nur. Da kaufte sie ihm ein hölzernes Schüsselchen für ein paar Heller, daraus musste er nun essen. Wie sie da so sitzen, so trägt der kleine Enkel von vier Jahren auf der Erde kleine Brettlein zusammen. „Was machst du da?", fragte der Vater. „Ich mache ein Tröglein", antwortete das Kind, „daraus sollen Vater und Mutter essen, wenn ich groß bin." Da sahen sich Mann und Frau eine Weile an, fingen endlich an zu weinen, holten also fort den alten Großvater an den Tisch und ließen ihn von nun an immer mitessen, sagten auch nichts, wenn er ein wenig verschüttete.

Altersverwirrte Patientin

- Welche Altersgebrechen werden geschildert?
- Wie reagieren die Kinder des Alten?
- Wie reagiert der Enkel?
- Wie stellen Sie sich ein Leben im Alter vor?

Die moderne gesellschaftliche Struktur lässt es oftmals nicht zu, dass alte Menschen und junge Menschen zusammen in einer Familie leben. In vielen Fällen ist der Partner verstorben und die Kinder sind mit der Pflege überfordert.
Häufig wohnen Kinder nicht in der Nähe der Eltern. Gerade in unserer Zeit, in der es sehr viele alte Menschen gibt, ist es wichtig, sich um sie zu kümmern. In Alten- und Pflegeheimen werden Eltern und Großeltern meist gut gepflegt. Wichtig ist aber auch, dass man mit ihnen redet, mit ihnen lacht und sie an der Welt außerhalb des Heimes teilhaben lässt.

Sterben – ein Tabu?

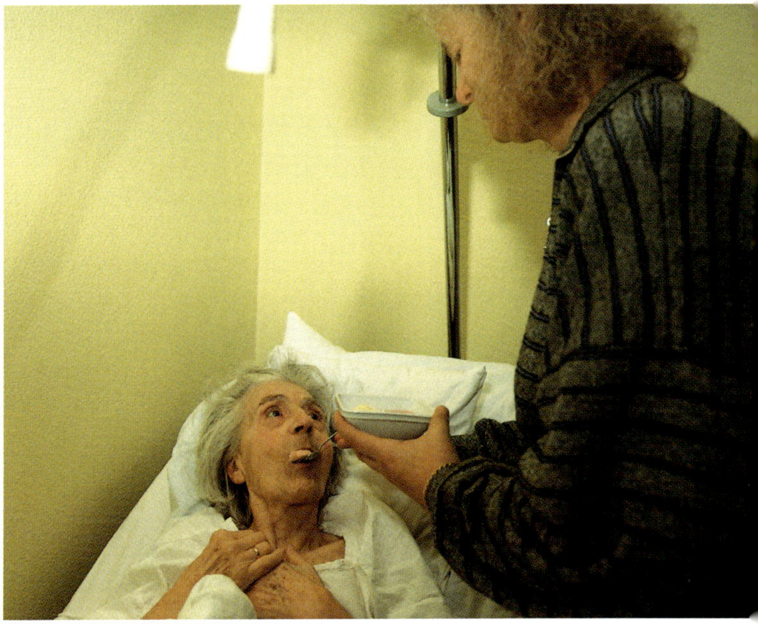

Als Student verdiente ich mir mein Geld als Taxifahrer. Viele Fahrten waren Krankentransporte und so hatte ich fast jeden Tag eine Fahrt in ein großes Klinikum. Auch heute hatte ich wieder eine Fahrt in die Strahlenklinik. Mein Fahrgast war eine alte Frau, sie hatte Krebs. Sie war das erste Mal in einer so großen Klinik und war spürbar verunsichert. Sie hatte Angst sich im großen Gebäude nicht zurechtzufinden. Ich beruhigte sie, versprach ihr zu helfen. Ich meldete die Frau an und brachte sie auf ihr Zimmer. Allein hätte sie es nicht geschafft. Ich holte noch zwei Tassen Kaffee, wir unterhielten uns noch ein bisschen und ich verabschiedete mich dann von ihr. Bevor ich wieder ins Taxi stieg, suchte ich auf den langen, alten Gängen des Klinikums noch nach einem WC. Die Türen waren alle weiß getüncht und alt. An einer Tür sah ich, dass dort ehemals das Zeichen 00 hing. Ich ging hinein, es war ein Raum, der deutlich größer war, als ich ihn erwartet hatte. Der hintere Teil des Raumes war vom vorderen durch einen Plastikvorhang abgetrennt. Im vorderen Bereich war auch das erhoffte Pinkelbecken. Ich verschaffte mir Erleichterung. Während ich pinkelte, hörte ich ein eigenartiges Geräusch hinter dem Vorhang. Es hörte sich an wie das Gurgeln eines Abflussrohres. Danach hörte ich schwere Atemzüge. Erschrocken schaute ich hinter den Vorhang. Im hinteren Teil des Raumes stand ein Bett. In ihm lag eine sterbende alte Frau. Das Letzte, was sie in ihrem Leben sah, war ein Taxifahrer, der völlig entsetzt auf das Bett starrte und ein „Entschuldigung“ stammelte.

- Viele alte und kranke Menschen sterben in Krankenhäusern oder Pflegeheimen. Erstellen Sie einen Katalog „Sterben in Würde“ für diese Situation.
- An welchem Ort sind die kranken und alten Menschen aus Ihrem Verwandten- und Bekanntenkreis gestorben?
- Erstellen Sie ein Diagramm mit vier Spalten: zu Hause; Krankenhaus; Altenheim; anderer Ort.
- Tragen Sie ein, wo Ihre alten und wo Ihre kranken Verwandten und Bekannten gestorben sind.
- Bewerten Sie das Ergebnis dieser Statistik.
- Wo würden Sie am liebsten sterben? Begründen Sie, warum.
- Was bedeutet es, im Kreise der Familie zu sterben?

	Zuhause	Altenheim	Anderer Ort	
Kranke Menschen				
Alte Menschen				

TIPP

Besuchen Sie ein Altenheim oder Pflegeheim. Versuchen Sie mit den alten Menschen ins Gespräch zu kommen. Beschreiben Sie im Unterrichtsgespräch Ihre Eindrücke.
Was sehen Sie? Welche Geräusche fallen Ihnen auf? Wie riecht es in einem Altenheim? Wie fühlen Sie sich in dieser Umgebung?

Orientierungswissen 3: Sterben und Tod – ein Tabu?

Noch nie so präsent und noch nie so fern: der Tod

Sterben und Tod begegnen uns heute überall: in den Nachrichten als realer Tod, in Krimis, Thrillern und Soaps als gespieltes Sterben. Und doch begegnen uns Sterben und Tod im Alltag heute kaum noch: Sterben findet heute anonym statt: in Krankenhäusern, Altenheimen, Hospizen. Dies ist eine eigentümliche Realität. Sie hat zur Folge, dass wir dem wirklichen Sterben nicht mehr begegnen und uns auch nicht mehr mit ihm auseinander setzen müssen. Gleichzeitig verschärft dies die Angst, die wir vor Sterben und Tod haben: Während für viele ältere Menschen der Tod zum Leben gehörte, ist er für uns heute noch schrecklicher geworden.

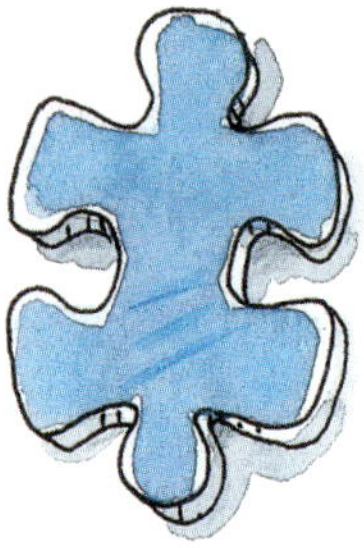

Der Tod gehört zum Leben – aber er hat nicht das letzte Wort

Gerade für die Bewältigung des Sterbens wird dem Glauben eine enorme Bedeutung zugesprochen. Auch religiöse Menschen haben Angst vor dem Tod – und doch verbindet sie eine Hoffnung, dass er nicht das letzte Wort haben wird, dass es eine „Welt danach" geben wird. Das macht viele glaubende Menschen auch „neugierig": Sie malen sich aus, was „danach" kommen könnte, sie hoffen, geliebte Menschen wieder zu treffen. Dies alles lässt sie das Sterben etwas leichter angehen als Menschen, die davon überzeugt sind, nur ihre kurze Lebensspanne zur Verfügung zu haben ...

Zur Bewältigung des Lebens gehört auch die Bewältigung des Sterbens

Gerade in den Anstrengungen unserer Zeit, den realen Tod so weit wie möglich aus dem Leben hinauszudrängen, ist es von Bedeutung, sich mit dem Thema Sterben und Tod zu befassen. Es ist von Bedeutung, weil mit diesem Thema ein Stück Lebensbewältigung geschehen kann. Wir können uns bewusst sein, dass unser Leben endlich ist, und dennoch lernen mit dieser Endlichkeit umzugehen. Solche Fragen sind auch in der Berufswelt von Bedeutung, weil sich mit ihnen automatisch die Frage stellt, wie wir unser Leben – auch unser berufliches Leben – gestalten und nutzen.

Tina & Paul

Paul: *Ich will lieber tot sein als im Rollstuhl sitzen.*
Tina: *So ein Quatsch. Das kannst du jetzt gar nicht sagen.*
Paul: *Doch. Stell dir vor, du bist so stark verletzt, dass du gar nichts mehr tun kannst.*
Tina: *Wie willst du dich dann umbringen, wenn du gar nichts mehr tun kannst?*
Paul: *Dann sag ich meinem besten Freund, dass er mich umbringen soll.*
Tina: *Ich würde nie meine beste Freundin umbringen.*
Paul: *Auf jeden Fall, wenn du voll behindert bist, dann sollte man das selbst entscheiden können.*
Tina: *Wenn du nun aber geistig behindert bist – was dann?*
Paul: *Dann würde ich mich auch umbringen.*
Tina: *Wenn du gar nicht mehr merkst, dass du geistig behindert bist. Wer soll dich dann umbringen?*
Paul: *Das ist nicht einfach – weiß ich nicht.*
Tina: *Bei den Nazis haben das auch Ärzte gemacht.*
Paul: *Das sollte eher die Familie entscheiden. Vielleicht die Eltern. – Oder … Ich weiß auch nicht! Aber bei einer schweren Krankheit wie Krebs sollte man es selbst entscheiden können. Irgendeine alte Schauspielerin, ich glaube Inge Meisel, hatte immer eine Gifttablette dabei.*
Tina: *So ein Schwachsinn! So wehleidig wie du bist, würdest du schon bei einem eingerissenen Zehennagel die Pille schlucken.*
Paul: *Quatsch, nur wenn der sichere Tod kommt.*
Tina: *Dann stirbst du ja sowieso.*
Paul: *Aber die Schmerzen, wenn man die nicht aushält.*
Tina: *Heute gibt es gute Schmerzmittel.*
Paul: *Verdammt, ich will entscheiden, wann und wie ich sterbe, das ist mein Leben.*

Aktive Sterbehilfe: Fallbeispiel

Nach einem Vortrag über ethische Aspekte der „künstlichen Ernährung" spricht mich eine niederländische Krankenschwester an, die in Deutschland in einem Altenpflegeheim tätig ist. Sie berichtet, dass ihr Vater vor etwa einem Jahr in Holland infolge aktiver Sterbehilfe „gestorben" sei. Ihr Vater sei krebskrank gewesen, hätte in der letzten Zeit stark abgenommen, aber keine schweren Schmerzen, wohl aber Angst gehabt, die verbleibende Lebenszeit könne „unwürdig" und belastend werden. Er bat den Hausarzt um „aktive Sterbehilfe". Dieser habe der Bitte entsprochen, nachdem sie wiederholt vorgetragen wurde. Die Familie – auch sie – versammelte sich am Krankenbett. Der Hausarzt kam, gab dem Vater ein Zäpfchen, das ihn langsam bewusstlos werden ließ. Nach sieben Stunden kam der Hausarzt wieder und setzte eine tödliche Spritze. Die Frau sagte, dass das Erleben sie noch sehr beschäftige. Sie habe den Schritt nicht für richtig gehalten. „Aber ich hatte doch nicht das Recht, meinen Vater davon abzuhalten, es ist doch sein eigenes Leben und seine freie Entscheidung gewesen." Auf die Frage, warum der Hausarzt dieses Verfahren gewählt habe, sagte sie: „Damit die Familie Abschied nehmen und den Vater im Sterben begleiten konnte." Meine Rückfrage, ob es auch den Grund hatte, dass der Schein eines natürlichen Sterbens gewahrt wurde, bejahte sie.

Im weiteren Gespräch stellte sich heraus, dass sie die Frage bewegte, ob nicht viele der Bewohner des Heims, das sie leitet, in einem schlimmeren Zustand sind, als ihr Vater es war, ob deren Leben nicht erst recht „unwürdig" ist und warum sie noch leben und ob sie noch leben wollten, wenn man ihnen die Möglichkeit „aktiver Sterbehilfe" eröffnete. Meine Frage, wann denn ein Menschenleben „unwürdiges Leben" sei, konnte und wollte sie nicht beantworten. Sie verwies darauf, dass das in Holland jeder für sich entscheiden müsse. Ich wies darauf hin, dass in den Niederlanden der Schritt zur gesetzlichen Billigung der aktiven Lebensbeendigung seit den 1970-er Jahren durch eine intensive gesellschaftliche Diskussion vorbereitet wurde, dass die Bevölkerung diese Lösung deshalb überwiegend für einen gangbaren, ja vielleicht den wünschenswerten Weg erachtet habe, Ärzte dieses Vorgehen bejahen und praktizieren und er dann schließlich durch das Gesetz erlaubt wurde. Deshalb würden sich kranke Menschen auch überwiegend in ihrem Krankheitsprozess sehr aktiv und bewusst mit dieser Möglichkeit auseinander setzen und fragen: „Warum eigentlich nicht? Warum nicht einem möglicherweise ‚unwürdigen' Leben und Sterben durch einen selbst gewählten Tod zuvorkommen?" Irgendwann werde die Beschäftigung mit dieser Möglichkeit – wie bei Suizidanten – dann zum Entschluss des Kranken und – da dieser ja von allen Beteiligten als sein „freier" Entschluss respektiert werden müsse und vielleicht auch von ihnen gebilligt wird – auch zur Tat.

Auf die Frage, was wäre, wenn dieser Weg nicht in einer derartigen Weise und auch rechtlich eröffnet worden wäre, wenn er nicht die Wahl der aktiven Sterbehilfe gehabt hätte, antwortete die Frau: „Dann hätte mein Vater irgendwie sein Leben anders beendet. Vielleicht wäre es überhaupt nicht so schlimm geworden, wie er dachte. Bei uns im Heim müssen die Menschen ja auch damit klarkommen!"

Pfr. Prof. Dr. Ulrich Eibach, Bonn

- Beschreiben Sie, wie für Sie ein unwürdiges Leben aussieht.
- Versetzen Sie sich in die Rolle der Tochter, finden Sie Argumente, warum sie die Entscheidung ihres Vaters ablehnt.
- Welche Rolle spielt das Zäpfchen? Oder anders gefragt: Warum erschießt man den alten Mann nicht?
- Muss für Sie Sterben zwingend leidfrei sein?

Hospiz

Am 12. April 2001 trat in Holland das „Gesetz über die Kontrolle der Lebensbeendigung auf Verlangen und der Hilfe bei der Selbsttötung" in Kraft. Sterbehilfe bleibt allerdings auch nach Inkrafttreten des neuen Gesetzes strafbar. Der Arzt bleibt lediglich dann straffrei, wenn er die strengen gesetzlichen Bedingungen erfüllt:

- Er muss zu der Überzeugung gelangt sein, dass der schwer kranke Patient seine Bitte freiwillig und nach reiflicher Überlegung geäußert hat.
- Er muss zu der Überzeugung gelangt sein, dass der Zustand des Patienten aussichtslos und sein Leiden unerträglich ist.
- Er muss den Patienten über seine Situation und die Heilungschancen aufgeklärt haben.
- Er muss gemeinsam mit dem Patienten zu der Überzeugung gelangt sein, dass es für dessen Situation keine andere annehmbare Lösung als die aktive Beendigung des Lebens gibt.
- Er muss mindestens einen anderen, unabhängigen Arzt zu Rate gezogen haben.
- Dieser Arzt muss den Patienten untersucht und schriftlich dazu Stellung genommen haben, ob die unter 1 bis 4 genannten Voraussetzungen gegeben sind.
- Er muss die Lebensbeendigung beziehungsweise die Hilfe bei der Selbsttötung fachgerecht durchgeführt haben.

Ob diese Bedingungen bei einem Fall aktiver Sterbehilfe erfüllt wurden, wird von einer Kontrollkommission überprüft. Sie besteht aus einem Juristen, der zugleich Vorsitzender ist, einem Arzt und einem Ethiker. Kommt die Kommission zu dem Schluss, dass der Arzt alle vorgeschriebenen Sorgfaltskriterien eingehalten hat, ist die Angelegenheit erledigt, andernfalls wird die Staatsanwaltschaft eingeschaltet. Im Gesetz wird außerdem die Gültigkeit eines schriftlichen Patiententestaments ausdrücklich anerkannt. Eine solche Willenserklärung hat dieselbe Bedeutung wie eine konkrete, schriftlich oder mündlich geäußerte Bitte um Sterbehilfe.

- Bewerten Sie im Hinblick auf das obige Fallbeispiel die Aussagen von Kardinal Lehmann.
- Erstellen Sie einen Regel-Katalog für den Umgang mit sterbenden Menschen.
- Recherchieren Sie im Internet zur Arbeit christlicher Hospizgruppen.

TIPP

Laden Sie Vertreter örtlicher Hospizgruppen ein.

Jede Form aktiver Sterbehilfe ist Tötung eines Menschen und deshalb aus christlicher Sicht unannehmbar. Das Leben ist uns nicht frei verfügbar, sondern ein Geschenk Gottes. Niemand hat das Recht über den Wert oder Unwert eines menschlichen Lebens zu entscheiden. Jeder Mensch hat seine Würde und sein Lebensrecht von Gott her. Die Legalisierung der aktiven Sterbehilfe ist ein Dammbruch, der den Respekt vor dem menschlichen Leben relativiert. Es ist zugleich ein Kulturbruch, der gerade im werdenden Europa schädlich ist.
Wenn eine Gesellschaft glaubt, das Leiden sterbenskranker Menschen durch vorzeitige Tötung aus der Welt zu schaffen, handelt sie zutiefst unmenschlich. Wenn wir Menschen in Situationen, in denen sie am hilfsbedürftigsten sind, keine menschliche und medizinische Begleitung mehr geben und ihnen stattdessen selbst die Entscheidung aufbürden, sich vorzeitig töten zu lassen, sind wir bereits mitten in einer „Kultur des Todes". Angesichts der heutigen medizinischen Möglichkeiten, gerade auch im Bereich der Schmerztherapie, ist es unbegreiflich, dass sich Ärzte in den Niederlanden zur Verfügung stellen, den vorzeitigen Tod kranker Menschen gezielt herbeizuführen, statt sie in dieser schwierigen Situation zu begleiten.
Wir begrüßen, dass in Deutschland menschenwürdige Sterbebegleitung einen hohen Stellenwert hat. Die verschiedenen Initiativen von Kirchen und anderen Gruppen, besonders auch in der christlich orientierten Hospizbewegung, auf diesem Gebiet verdienen Aufmerksamkeit und unsere Unterstützung. Menschenwürdige Sterbebegleitung beinhaltet medizinische, menschliche und seelsorglich optimale Betreuung bis zum Ende, damit jeder Einzelne frei von Schmerzen, Angst und Unruhe seinen individuellen Tod sterben darf.

Karl Kardinal Lehmann, Vorsitzender der Deutschen Bischofskonferenz

Aktive, passive und indirekte Sterbehilfe

Die **aktive** oder **direkte Sterbehilfe** (Euthanasie) ist das absichtliche und aktive ärztliche Eingreifen zur Beschleunigung des Todeseintritts auf ausdrücklichen Wunsch des Patienten oder auch ohne Begehren des Patienten. Sie geschieht zum Beispiel durch Verabreichung einer den Tod herbeiführenden Tablette, Spritze oder Infusion. Die aktive Sterbehilfe ist in Deutschland rechtlich „Tötung auf Verlangen" und nach § 216 Strafgesetzbuch nicht erlaubt.

Die **passive Sterbehilfe** ist eine absichtliche Unterlassung, der Verzicht auf eine lebensverlängernde Behandlung bei unheilbar Kranken, deren Tod bald zu erwarten ist. Sie geschieht zum Beispiel durch Nichtüberweisung auf eine Intensivstation. Die passive Sterbehilfe ist rechtlich erlaubt, setzt aber die Zustimmung des Patienten voraus (Patientenverfügung). Sie wird auch „Hilfe zum Sterben" genannt. 1984 urteilte der Bundesgerichtshof: „Angesichts der bisherigen Grenzen überschreitenden Fortschritte medizinischer Technologie bestimmt nicht die Effizienz der Apparatur, sondern die an der Achtung des Lebens und der Menschenwürde ausgerichtete Einzelfallentscheidung die Grenze ärztlicher Behandlungspflicht." Und in einem Urteil von 1991: „Die Ausschöpfung intensivmedizinischer Technologie ist, wenn sie dem wirklichen oder anzunehmenden Patientenwillen widerspricht, rechtswidrig."

Die **indirekte Sterbehilfe** wird geleistet, wenn Todkranken ärztlich verordnete schmerzlindernde Medikamente gegeben werden, die als unbeabsichtigte, aber unvermeidbare Nebenfolge den Tod beschleunigen können. Der Tod wird in Kauf genommen, ist aber nicht Ziel. Die indirekte Sterbehilfe ist erlaubt.

Die **Beihilfe zur Selbsttötung**, auch Sterbenachhilfe oder medizinisch assistierter Suizid genannt, bedeutet, dass der Arzt zum Beispiel ein tödliches Mittel aushändigt. Sie ist als solche einerseits straffrei, andererseits wird oft § 323 Strafgesetzbuch angewandt. Danach macht sich wegen unterlassener Hilfeleistung strafbar, wer bei einem Suizidgeschehen anwesend ist und es nicht verhindert. Das führt zu einer Rechtsunsicherheit für Ärzte.

- Wann würden Sie welche Form der Sterbehilfe anwenden?
- Bewerten Sie die Aussagen von Kardinal Lehmann.

Gesetzliche Regelungen und gesellschaftliche Konventionen, die einer aktiven Sterbehilfe den Weg ebnen, sind ein Irrweg, den wir entschieden ablehnen. Eine solche Praxis kann die von ihr zuweilen erhoffte Förderung der Humanität nicht erbringen. Vielmehr setzt sie alte, behinderte, schwerst kranke und sterbende Menschen unter einen enormen Druck, der Gesellschaft nicht zur Last zu fallen und sich deren Forderungen zu beugen. Angebliche Freiwilligkeit und faktischer Zwang lassen sich in einer solchen Praxis kaum mehr trennen. Die Erfahrungen aus Belgien und den Niederlanden sprechen eine deutliche Sprache: Thomas Rachel, Mitglied der Ethikkommission, spricht von etwa 3000 Menschen jährlich, die dort auf Verlangen aktive Sterbehilfe durch Ärzte erhalten. Bei ungefähr 1000 Patienten werde aktive Sterbehilfe durchgeführt, ohne dass sie darum gebeten hätten. Nur etwa die Hälfte der Fälle werde den Aufsichtsbehörden gemeldet. Diese Zahlen sind alarmierend ... Die Angst vieler Menschen vor einem schmerzhaften, qualvollen und einsamen Sterben nehmen wir sehr ernst. Diese Angst lässt viele Menschen nach „aktiver Sterbehilfe" fragen ... Je weniger sich Menschen vor einem qualvollen Sterben fürchten müssen, desto weniger drängen sie auf eine aktive Tötung Sterbender. Zu einem achtungsvollen Umgang mit Sterbenden gehören unabdingbar persönliche Begleitung und Betreuung, respektvolle Pflege, aber auch eine medizinische Versorgung, die Schmerzen lindert und den Prozess des Sterbens begleitet, ohne ihn in unnötiger Weise zu verlängern.

Karl Kardinal Lehmann

Euthanasie

EUTHANATOS = GUTER TOD

Zu Hause sterben · Im Kreis der Familie sterben · Schnell sterben · Alt sterben · Nicht leiden · Betreut sterben

Das Wort **Euthanasie** kommt aus der griechischen Sprache und setzt sich aus den Wörtern „eu“ (gut, recht, wohltuend) und „thanatos“ (Tod) zusammen. Euthanasie bedeutet also so viel wie „guter Tod“.
Im so genannten Dritten Reich, der Zeit des Nationalsozialismus zwischen 1933 und 1945, wurde dieser Begriff für die „Vernichtung unwerten Lebens“ gebraucht. Durch die Nazis wurden mit diesem Programm mehr als 70 000 Menschen mit Behinderung ermordet. Das Gesetz zur Verhütung „erbkranken Nachwuchses“ zwang ab dem 14.7.1933 Schizophrene, Epileptiker, Spastiker und schwere Alkoholiker, sich sterilisieren zu lassen.
Auch Kinder wurden nicht verschont. Durch einen Erlass vom 18.8.1939 wurden Ärzte und Hebammen verpflichtet, die Geburt von Kindern mit Behinderung zu melden. Ab dem 1.9.1939 wurden Ärzte aufgefordert, mit der „Euthanasie“ zu beginnen. Wer als lebensunwert galt, musste sterben.

SCHLECHTER TOD

Leiden · Langsam sterben · Getötet werden · Qualvoll sterben · Jung sterben · Einsam sterben · An einer Krankheit sterben

- Was verbinden Sie mit dem Begriff „Euthanasie“?
- Definieren Sie „guter Tod“.
- Definieren Sie „schlechter Tod“.

Schwache, alte, kranke, behinderte und sterbende Menschen brauchen unsere Hilfe, damit sie ein möglichst normales und gutes Leben führen können. Die direkte Euthanasie besteht darin, diesen Menschen das Leben zu nehmen. Dies ist mit dem christlichen Glauben nicht vereinbar!
Eine Therapie um jeden Preis ist aber auch nicht angestrebt. Das Verwenden von Schmerzmitteln, auch wenn sie das Leben verkürzen, kann der Menschenwürde entsprechen. Die Betreuung kranker und behinderter Menschen ist ein wichtiger christlicher Grundsatz. Hospiz-Gruppen gibt es in fast allen Städten. Sie kümmern sich um Sterbende.

Euthanasie im Nationalsozialismus

„Ich will nicht sterben!"

Als K. W., eine 19-jährige, damals so genannte Schwachsinnige höchsten Grades, merkte, dass sie zum Sammelplatz geführt werden sollte, sprang sie davon. Da erschienen zwei Männer des Transportpersonals und rissen sie, die sich am Treppengeländer und an Türklinken verzweifelt festzuklammern versuchte, mit Gewalt fort. Unaufhörlich hallte ihr Weinen und Schreien durch den Hof. „Fräulein Sofie, dableiben, i bei der Fräulein Anna bleiben." Noch aus dem Wagen, in den die Schergen sie mit spöttischem Lachen hineinwarfen, gellte ihr Rufen: „Fräulein Sofie, Fräulein Sofie, hol mi wieder!" ... Andere waren wie gelähmt und konnten ihrer entsetzlichen Todesangst nur mit Schreien Ausdruck geben. Mit weit aufgerissenen angsterfüllten Augen, blass wie eine Leiche, standen sie da wie E. S., die die Arme in die Höhe schlug und schrie: „Ich will nicht sterben!"

Aktion T 4

Unter der Tarnbezeichnung „Aktion T 4" – benannt nach dem Sitz der Organisationszentrale in der Berliner Tiergartenstraße 4 – setzten die Nationalsozialisten mit Unterstützung von Ärzten, Pflegekräften und Verwaltungsbeamten in verschiedenen Tötungsanstalten in Deutschland den Massenmord an geistig behinderten Menschen und anderen „unerwünschten Elementen" um. Für die „Aktion T 4" wurden verschiedene Tarngesellschaften gegründet, über die das „Euthanasie"-Programm abgewickelt wurde: In der „Reichsarbeitsgemeinschaft Heil- und Pflegeanstalten" entwarf ein Ärzteteam Meldebögen und ärztliche Gutachten über Behinderungen. Die „Gemeinnützige Krankentransportgesellschaft" organisierte die Verlegungstransporte – zumeist in grauen Bussen. Der „Allgemeinen Stiftung für Anstaltswesen" oblag das Personalwesen. Ende 1939 begann die Versendung der Meldebögen zur „planwirtschaftlichen Erfassung" der Anstaltspatienten. Es wurde nach Art der Krankheit, Dauer des Anstaltsaufenthalts und Arbeitsfähigkeit gefragt. Nur anhand der ausgefüllten Formulare entschieden dann je drei der etwa 30 Gutachter (Ärzte, Hochschullehrer und Anstaltsleiter) unabhängig voneinander über Leben und Tod der Patienten. Bei abweichenden Beurteilungen sprach ein Obergutachter das endgültige Urteil. „Todeskandidaten" wurden in die „Euthanasie"-Anstalten Grafeneck, Brandenburg, Hartheim, Pirna, Bernburg und Hadamar gebracht. Dort wurden bis August 1941 insgesamt rund 70 000 Menschen – zumeist durch Vergasungen oder Injektionen – ermordet. Bei den ersten Vergasungen der „Aktion T 4" in Brandenburg 1940 wurden die Opfer in als Duschräume getarnte Gaskammern geführt. Die Leichen wurden sofort eingeäschert, um Untersuchungen durch Angehörige zu unterbinden. Diese erhielten Schreiben mit fingierten Todesursachen und Sterbeorten. Dennoch weckten eindeutig falsche Angaben zur Todesursache und die Häufung der Todesfälle in den einzelnen Anstalten Misstrauen, sodass die „Aktion T 4" nicht lange geheim gehalten werden konnte. Am 3. August 1941 prangerte der Bischof von Münster, Clemens August Graf von Galen, die Tötungsaktionen in einer Aufsehen erregenden Predigt öffentlich an. Mit Rücksicht auf die Stimmung in der aufgebrachten Bevölkerung ließ Hitler das „Euthanasie"-Programm daraufhin offiziell einstellen. Über 30 000 Menschen mit Behinderung starben jedoch anschließend noch in geheim weitergeführten Tötungsaktionen. In vielen öffentlichen Heil- und Pflegeanstalten wurden Patienten durch Injektionen oder durch eine Überdosis Beruhigungsmittel umgebracht.

- Was können Sie persönlich tun, damit so etwas nie wieder passiert?

TIPP

Besuchen Sie eine Einrichtung, in der geistig behinderte Menschen arbeiten.

Orientierungswissen 4: Sterbehilfe und Euthanasie

Menschenwürdiges Sterben

Viele Menschen haben Angst vor dem Sterben, besonders vor einem – durch technische Möglichkeiten verlängerten – langsamen und evtl. mit Schmerzen verbundenen Prozess. Daher wird das Recht auf ein ärztliches Eingreifen gefordert, das den Sterbeprozess auf Wunsch des Patienten beschleunigt (Euthanasie). Solche Entscheidungen werden meist nicht von den Patienten alleine getroffen, sondern es werden Freunde, Verwandte, Angehörige um Rat gefragt. Schnell kann man in die Situation kommen, eine eigene, fundierte Meinung zum Thema aktive oder passive Sterbehilfe bzw. Duldung oder evtl. sogar Unterstützung eines Suizids haben zu müssen …

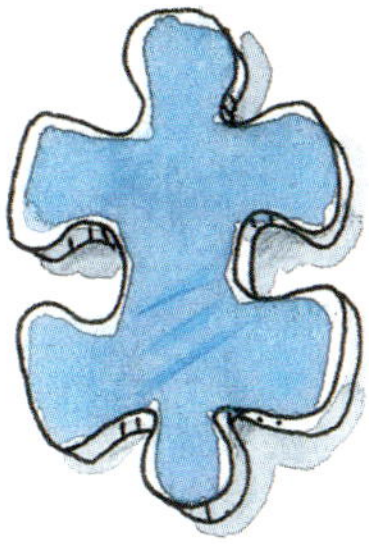

Die Kompetenz, aus Erfahrungen und der Geschichte zu lernen

Gerade die Euthanasie-Diskussion und die massenhafte Ermordung unter diesem Begriff während der NS-Diktatur ist ein wichtiges Beispiel dafür, wie es gelingen kann, aus der Geschichte unserer Vergangenheit bzw. aus den Erfahrungen anderer Länder zu lernen. In einer solch schwerwiegenden ethischen Frage kann gelernt werden, Argumente pro und contra abzuwägen, zu gewichten und dadurch zu einem fundierten Urteil zu kommen. Solche Urteile bilden immer einen aktuellen Stand ab, sie können durch neue Argumente verändert werden. Sie sind aber ein unverzichtbarer Standpunkt für eine kritische und konstruktive Diskussion.

Christlicher Standpunkt in der Euthanasiefrage

Die christliche Position in Fragen der Euthanasie orientiert sich immer am unbedingten „Ja“ zum Leben, das in jedem Fall zu unterstützen ist. Ebenso wichtig ist der christliche Einsatz für ein menschenwürdiges Sterben – z. B. in der Unterstützung der Schmerztherapie. Aus dieser Motivation heraus unterstützt die Kirche z. B. die Einrichtung von „Hospizen“, in denen ein begleitetes, würdiges Sterben ermöglicht wird.

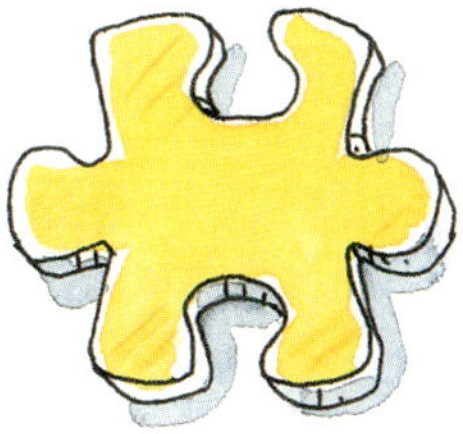

Tina & Paul

Paul: *Die Beerdigung von Su und Joe war ganz schön hart.*

Tina: *Ich konnte die beiden nicht noch einmal anschauen. Ich will sie als Lebende in Erinnerung behalten. – Wie haben sie denn ausgesehen?*

Paul: *Eigentlich gar nicht wie nach einem schweren Unfall. Bleich schon und irgendwie anders. Ich habe Joes Hand berührt – war richtig kalt und die Nase war so spitz.*

Tina: *Berühren – das könnt ich nicht. Ist das nicht gefährlich wegen Leichengift und so? – Genervt hat mich das auf dem Friedhof. Die Lieder! Wenn man mich beerdigt, dann müsste eine CD von Madonna laufen. Was Romantisches.*

Paul: *Bei mir ein Hiphop-Song.*
Nach der Beerdigung, das war erst schlimm! Bei den Alten am Tisch wurde schon wieder gelacht. Bei mir wäre nach meiner Beerdigung eine Party. Jeder kann tragen, was er will, und nicht so einen fürchterlichen schwarzen Anzug. Das darf voll bunt sein.

Tina: *Ich würde mich verbrennen lassen, dann sollte man meine Asche mit „Knockin on heavens door" von Guns 'n Roses ins Meer streuen. Dann auch eine Party, aber nur die Freunde und die, die mich gemocht haben, sind eingeladen und ohne die Alten, die sowieso nur zum Glotzen und zum Tratschen kommen.*

Paul: *Wo soll ich dann zum Heulen hin, wenn du Fischfutter bist?*

Tina: *Lass den Quatsch, ich meine das ernst.*

Paul: *Tschuldigung. Cool wäre auch, in einer Urne auf dem Regal der Freundin zu stehen, so wie Kurt Cobain. Dann ist man immer zusammen.*

Tina: *Das find ich blöd, stell dir vor, du hast irgendwann einen neuen Freund und in deinem Schlafzimmer auf dem Regal steht die Urne mit der Asche von deinem Ex. Nööö!*

Paul: *Kommst du heute Abend zum Rosenkranz für die beiden?*

Tina: *Klar, das sind wir ihnen schuldig.*

Gräber sprechen – Gräber schweigen

Der Kramsacher Friedhof gilt als ungewöhnlichster Friedhof Europas. Nur wenige Minuten entfernt von der Inntalautobahn, in der Mitte zwischen Kufstein und Innsbruck, lockt er jedes Jahr rund 100 000 Besucher an. Errichtet hat ihn vor 30 Jahren Hans Guggenberger, ein Schmiedemeister aus Kramsach. Die Leidenschaft, Grabkreuze zu sammeln, hat Guggenberger von seinem Vater übernommen. Der stellte die schmiedeeisernen Kunstwerke ursprünglich als Muster für die Kunden seiner Schmiede auf.

„Der Tod war kein Tabu“, erklärt der Meister, „der gehörte so selbstverständlich zum Leben wie die Geburt.“ So klingt auch die Inschrift auf einem Kreuz von 1840: „Hier ruht Franz Josef Matt, der sich zu Tod gesoffen hat. Herr, gib ihm die ewige Ruh und ein Gläsle Schnaps dazu!“ Die Friedhöfe im alpenländischen Raum waren besinnliche, frohe Orte der Begegnung mit den Toten. Grabinschriften wie „Hier fiel Jakob Hosenknopf vom Hausdach in die Ewigkeit“ zeugen von Frömmigkeit.
Vor 300 Jahren trösteten sich die Hinterbliebenen mit der Hoffnung auf ein Wiedersehen im Jenseits: „Hier ruht Michael Wiesner und zwar nur bis zum Tag der Auferstehung.“

Marterln sind Grabkreuze und Gedenktafeln für Tote. Gemäß dem örtlichen Brauchtum sind sie mit dem Foto der oder des Verstorbenen geschmückt oder mit Informationen zum Leben und Sterben. Sie sind bedeutsam für die Volksfrömmigkeit. Häufig finden sich für uns heute kuriose und drastische Formulierungen. Eine große Sammlung solcher Inschriften findet man auf dem „lustigen Friedhof“ in Kramsach/Tirol.

- Sie besuchen einen Friedhof und Sie entdecken diese Inschriften an Grabkreuzen. Wie reagieren Sie?
- Bewerten Sie diese Form von Friedhofskultur.
- Warum schreibt man diese Verse?
- Verfassen Sie einen Grabspruch für Ihren Stein.

- Diskutieren Sie das Pro und Contra einer Bestattung in einem anonymen Grab.
- Wie würden Sie Frau M. trösten?
- Welche Form der Bestattung würden Sie wählen?

Anonyme Bestattungen erfolgen meist als Urnen-, seltener als Sargbeisetzungen in namenlosen Grabstätten oder durch das Ausstreuen der Asche Verstorbener auf namenlosen Grabfeldern (Aschestreuwiesen). Dies kann im Beisein der Trauernden erfolgen, geschieht aber häufig ohne die Angehörigen und ohne jede Feier.

Fallbeispiel

Die 72-jährige Frau M. hat in Absprache mit ihrem Mann und ihren Kindern beschlossen, ihren Ehemann nach seinem Tod einäschern zu lassen. Herr M. wird in einem anonymen Urnen-Massengrab beigesetzt, da die Grabpflege für Frau M. aus gesundheitlichen Gründen kaum möglich ist und die Kinder weit anreisen müssten. Frau M. besucht fast jeden Tag die Grabstätte, bringt Blumen mit und redet mit ihrem Mann. Zu einer Freundin sagt sie: „Es ist schlimm, dass ich nicht genau weiß, wo mein Mann liegt, ich will später ein eigenes Grab haben."

- Recherchieren Sie, welche Tendenzen der Grabgestaltung in unserer Gesellschaft zu erkennen sind.
- Wie ist der Trend zur Anonymisierung zu erklären?
- Beurteilen Sie diese Form der Bestattung.

Zur Geschichte der Bestattung

Im Buch Genesis ist das jüdische Bestattungsritual bezeugt mit Beerdigung und Errichten eines Steinmals. In der Antike wurden die Leichname meist verbrannt. Die Urchristen pflegten gemäß der jüdischen Sitte und in Erinnerung an Jesu Grablegung grundsätzlich die Erdbestattung. Um nicht an römische Bräuche gebunden zu sein, erwarben die Christen schon früh eigene Friedhofsgrundstücke (coemeterien); doch mussten sie wegen der hohen Grundstückspreise bis ins 4. Jahrhundert hinein ihre Verstorbenen oft unterirdisch begraben (Katakomben). Im Unterschied zu den Bräuchen der römischen Umwelt fanden die Begräbnisse der Christen am Tage statt, um die Freude über die Auferweckung zu bezeugen. Es war eine Zusammenkunft der Gemeinde aus Liebe zu den Verstorbenen. Gebete, Psalmen und Schriften wurden dabei gelesen.

TIPP

Besuchen Sie Friedhöfe unterschiedlicher Religionen. Welche Unterschiede können Sie beobachten?

Erde, Feuer, Wasser und Luft

Erdbestattung

Beerdigung

Feuerbestattung

Urnenbestattung

...

Urnen im Regal

Im europäischen Kulturkreis übernehmen in der Regel die Bestattungsinstitute die Vorbereitung des Leichnams bis zur Bestattung. Die Verstorbenen werden normalerweise für drei Tage in der Leichenhalle des Friedhofs aufgebahrt. Die Tradition, den Toten im offenen Sarg in der Leichenhalle oder zu Hause noch zu zeigen, verschwindet. Als dieses Ritual, vor allem in ländlichen Regionen noch verbreiteter war, wurde von Angehörigen und Nachbarn über Nacht die so genannte Toten- oder Leichenwache gehalten, mit gemeinsamen Gebeten und Bewirtung der Trauergäste. Vor der Beerdigung formiert sich der Leichenzug, der den Wagen mit dem Sarg zum Friedhof bringt. Die Grabrede ist ungefähr seit dem 16. Jahrhundert Brauch. Das Auflegen von Kränzen ist allgemein Sitte, ebenso Erde oder Weihwasser auf den Sarg zu geben, um sich von dem Toten zu verabschieden. Abschließend wird den Angehörigen das Beileid ausgesprochen.

Seebestattung

- Beschreiben Sie das Ritual der letzten Beerdigungsfeier, die Sie miterlebten.
- Welche weiteren Bestattungsrituale kennen Sie?
- Sollte sich jeder Mensch die Form und den Ort seiner Bestattung frei auswählen können?
- Recherchieren Sie zu den unterschiedlichen Ritualen (welche Religion? welcher Kulturkreis?).
- Erstellen Sie einen seriösen Werbeprospekt für diese Art der Bestattung.

Mumien

Unterschiedliche Kulturen und Religionen haben unterschiedliche Bestattungsrituale entwickelt. In fast allen Kulturkreisen werden die Leichen gewaschen und geschminkt. Die gebräuchlichsten Bestattungsformen sind die Erdbestattung und die Feuerbestattung. Seebestattung, Einbalsamieren und das Verstreuen der Asche in der Luft sind seltene Bestattungsformen. Hygienevorschriften, aber auch Modetrends haben Einfluss auf die unterschiedlichen Rituale.

TIPP Besuchen Sie mit Ihrem Lehrer, Ihrer Lehrerin ein Bestattungsunternehmen und informieren Sie sich über die vielfältigen Arbeitsbereiche.

Begräbnis Jesu

Aus dem Evangelium nach Johannes

19:38 Josef aus Arimathäa war ein Jünger Jesu,
aber aus Furcht vor den Juden nur heimlich. Er
bat Pilatus, den Leichnam Jesu abnehmen zu
dürfen und Pilatus erlaubte es. Also kam er und
nahm den Leichnam ab.
19:39 Es kam auch Nikodemus, der früher einmal
Jesus bei Nacht aufgesucht hatte. Er brachte eine
Mischung aus Myrre und Aloe, etwa hundert
Pfund (ca. 32 kg).
19:40 Sie nahmen den Leichnam Jesu und
umwickelten ihn mit Leinenbinden, zusammen
mit den wohlriechenden Salben, wie es beim jüdi-
schen Begräbnis Sitte ist.
19:41 An dem Ort, wo man ihn gekreuzigt hatte,
war ein Garten und in dem Garten war ein neues
Grab, in dem noch niemand bestattet worden war.
19:42 Wegen des Rüsttages der Juden und weil
das Grab in der Nähe lag, setzten sie Jesus dort
bei.

Das philippinische Volk der Ibaloi bestattet seit Jahrhunderten die Familien der Stammesfürsten als Mumien in abgelegenen Berghöhlen.

Auch das Volk der Dani aus Neuguinea mumifizierte vor Generationen seine Stammesältesten. Deren Körper wurden jedoch nicht wie bei den Ibaloi in der Sonne gedörrt, sondern über dem Herdfeuer geräuchert.

- Wie sieht das Bestattungsritual für Jesus aus?
- Beschreiben Sie aus der Sicht eines „Gaffers" die Szenen von der Kreuzabnahme bis zur Grablegung.
- Welche Unterschiede zu und Gemeinsamkeiten mit anderen Bestattungsritualen erkennen Sie?

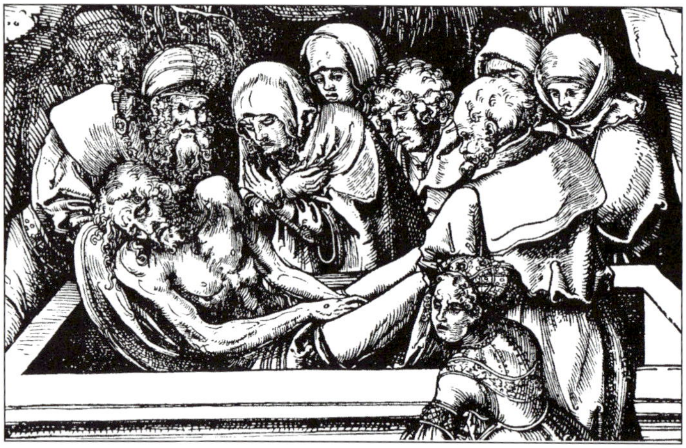

Grablegung Jesu, unbekannter Meister

Die Bestattungs-, Trauer- und Erinnerungskultur hat sich in den letzten Jahren sehr verändert. Beerdigungsrituale verlieren an Bedeutung. Immer mehr Beisetzungen werden anonym vollzogen. Die Zahl der Gräber ohne Kennzeichnung und ohne Namen nimmt deutlich zu. Bestattungsunternehmer oder freie Bestatter führen neben den Zuständigen der Kirchen Bestattungsrituale durch, die sie oft sehr persönlich mit den Angehörigen abstimmen. Die Entscheidung über die Form und die Gestaltung der Bestattung und des Totengedenkens fällt immer häufiger in die Zuständigkeit und Verantwortung Einzelner. Dies eröffnet den Hinterbliebenen die Möglichkeit zur individuellen Mitwirkung, aber es kann die Betroffenen auch überfordern, wenn die Vertrautheit mit religiösen Riten nicht mehr gegeben ist.

Asche in der Narrenkappe

Asche in der Narrenkappe und Gebeine ohne Namen

Die Toten kann man mit Fell und Farbe statt Eiche und Orgel unter die Erde bringen. Doch die kostspieligen alternativen Bestattungen können nicht über den Trend zur anonymen Beerdigung hinwegtäuschen ...
Alternative Bestattungen sind im Trend, auch ohne Übertritt zum Buddhismus. Das Standardprogramm mit Eiche, Orgel und Streuselkuchen wird immer mehr zur Horrorversion der Beerdigung. Individualität ist gefordert, auch beim Sterben ... Die Bestatterbranche, sonst nicht bekannt für riskante Experimente, ist in Bewegung geraten. Und eine der buntesten Figuren ist die Berliner Unternehmerin Claudia Marschner. Ihr Lieblingsmodell ist die „Urnen-Krone", ein plüschbezogener ovaler Behälter mit Zipfeln wie eine Narrenkappe. Marschners Laden ist selbst in der Kreuzberger Nachbarschaft nicht unumstritten ... Särge in hellblauem Kunstfell mit rosa Herzen oder aufgeklebtem Kuhfell, metallene Kästen in Futuro-Retro-Sci-Fi-Design, knallige Urnen in Herzform oder mit Antennen – auf den ersten Blick sieht das alles aus wie ein Albtraum von Walt Disney. Claudia Marschner redet wenig über „Würde" und viel über Ehrlichkeit: „Viele Angehörige wollen zeigen, wer da gestorben ist. Und wenn es ein bunter Mensch war, gehört zu einer Beerdigung natürlich auch Farbe."
Deshalb lässt sie Luftballons aufsteigen, wenn ein Kind gestorben ist, spielt Techno-Musik oder eine Rede des Verstorbenen – zu Lebzeiten aufgezeichnet. In einer Werkstatt können Freunde oder Familienmitglieder den Sarg anpinseln, mit Blumen oder Fotos schmücken: „Da geht es nicht um makabre Scherze nach dem Motto: haha, wir malen einen Sarg an, sondern um Trauerarbeit."
Früher hatte die Kirche das moralische Monopol auf Trost und Jenseits. Doch das gilt längst nicht mehr. Der entscheidende Impuls für alternative Bestattungen kam aus der Subkultur. Außenseiter der Gesellschaft, Konfessionslose oder Aidskranke – oft jung und künstlerisch interessiert – setzten sich offensiv mit dem Tod auseinander und fanden andere Formen der Trauer.

Der Sauerländer Sarghersteller Rudolf Ittermann bietet Designerkisten mit Blattgold und Bachkieselsteinen an. Das Hannoveraner Unternehmen „Bios" wirbt für Flugzeugbestattungen, um die Asche des Verstorbenen in alle Winde zu zerstreuen. Die Weltraumbeerdigung mittels Trägerrakete – das Angebot einer US-Firma – mag wohl doch an den Kosten scheitern: gut 550 Euro pro Gramm Asche.
Durchaus erschwinglich dagegen sind historische Mausoleen. Immer mehr Friedhöfe vergeben wertvolle Grabstätten, weil sie die Restaurierung nicht mehr bezahlen können ... Der individuelle Abschied – ob in Fell oder Granit – ist eine farbenfrohe, aber schwache Gegenbewegung zu einem weit größeren Trend: der wachsenden Anonymisierung. Viele Friedhöfe haben auf Druck der Nachfrage „Urnengemeinschaftsanlagen" eingerichtet – und die aufgeblähte Bezeichnung kann nicht darüber hinwegtäuschen, dass es sich um ein schlichtes Stück Rasen handelt: platt und grün wie ein Fußballfeld. Pro Quadratmeter werden hier vier Urnen beigesetzt, ohne Grabstein, mit einem Sammelplatz für Blumen. In Berlin lässt sich bereits jeder vierte anonym beisetzen.

Sonja Zekri

- Welche Alternativen zur herkömmlichen Bestattung werden im Text genannt?
- Bewerten Sie diese Alternativen.

Christliche Bestattungsrituale

Wie in den ersten Christengemeinden, gilt in der Kirche bis heute die Erdbestattung als die vorrangige Form der Bestattung. Die verwendeten Gebete und liturgischen Riten drücken die Zuversicht aus, dass Gott die Verstorbenen auferweckt und zu sich aufnimmt. Denn so wie Christus von den Toten auferstand, werden alle, die an ihn glauben, vom Tode auferstehen.

Werden andere Bestattungsformen gewählt, muss auch dort der Glaube an die Auferweckung und das ewige Leben seinen deutlichen Ausdruck finden.

Höhepunkt des katholischen Begräbnisses ist die Eucharistiefeier, um die Verbindung mit dem Verstorbenen über den Tod hinaus zu zeigen. Die Angehörigen und Freunde hören in der Begräbnismesse tröstende Worte und sollen durch die Feier gestärkt werden, um den Schmerz besser zu ertragen. Viele Menschen fühlen sich angesichts des Todesschicksals ohnmächtig und unfähig zu handeln. In der Begräbnisfeier wird die Ohnmacht des Menschen benannt, aber auch aufgebrochen. Die Hoffnung auf ein ewiges Leben für den Verstorbenen wird im Gebet und Ritus zum Ausdruck gebracht. Lesungen aus der Bibel und die Segnung des Toten sind besondere Zeichen kirchlicher Gemeinschaft. Das Fürbittgebet gibt Schmerz und Trauer eine Sprache. Die persönlichen Lebensdaten des Verstorbenen und sein Lebensschicksal können im Ritus der Bestattung, in der Ansprache und den Liedern und Gebeten genannt werden. Gerade die Namensnennung in den Gebeten macht deutlich, dass der Verstorbene nicht in die Anonymität des Vergessens fallen wird. Die christliche Gemeinschaft begleitet den Verstorbenen und tröstet die Trauernden. In besonderer Weise zeigt das Kreuz, das beim katholischen Begräbnis aufgerichtet wird, den Grund der christlichen Hoffnung für die Lebenden und die Verstorbenen an.

Immer häufiger wohnen die Familienangehörigen nicht in der Nähe der Grabstelle und sind daher kaum in der Lage, diese zu besuchen und zu pflegen. Dennoch ist es gut, die Stelle der Grablegung mit dem Namen des Verstorbenen zu kennzeichnen. Trauer und Totengedenken brauchen den konkreten Ort und konkrete Zeichen. Nach biblisch-christlichem Verständnis ist der Mensch in seiner je eigenen Individualität Ebenbild Gottes, seines Schöpfers. Damit ist ihm eine personale Würde gegeben, die in seinem Namen ihren Ausdruck findet.

Zur Personalität eines Menschen gehört auch sein religiöses Bekenntnis. An der Begräbnisstätte muss daher auch ein religiöses bzw. christliches Zeichen angebracht werden können, das eindeutig identifizierbar ist. In der katholischen Tradition sind neben dem Grabkreuz auch die Grableuchte und das Gefäß mit Weihwasser religiöse Gedenkzeichen eines Grabes. Der christliche Glaube leistet einen wichtigen Beitrag für eine Kultur des Trauerns und des Umgangs mit dem Tod, indem er die Frage nach den Toten und ihrem Schicksal wach hält. Die Kirche als Gemeinschaft versteht sich als Gemeinschaft der Lebenden und der Toten und ist deshalb Trägerin eines fortdauernden kulturellen Gedächtnisses über den Wechsel der Zeiten hinweg. Sie ist Erinnerungsgemeinschaft. Die Lebendigkeit christlicher Gemeinden und ihre Liturgie als „Gedächtnispraxis" wehren jeder Tendenz, die Verstorbenen „technisch" zu entsorgen. Zu einer solchen Gedächtnispraxis gehören die Feier des Sechswochenamtes, die Eucharistiefeier zum Jahresgedächtnis, Messfeiern und Andachten an Allerheiligen und Allerseelen, Gedenkgottesdienste für trauernde Eltern und Angehörige und ihre verstorbenen Kinder. Der Verstorbenen wird aber auch in jeder Messfeier und in der kirchlichen Stundenliturgie gedacht.

Friedwälder

Friedwälder sollen christliche Bestattungstradition wahren

Evangelischer Oberkirchenrat nennt Bedingungen für alternative Begräbnisform

Der Oberkirchenrat der Evangelischen Landeskirche in Württemberg hat keine grundsätzlichen Einwände gegen Bestattungen in so genannten Friedwäldern. Denn die Form der Beisetzung habe keinen Einfluss auf das ewige Heil des Menschen, so die Begründung des kirchenleitenden Gremiums. Allerdings müssten in Friedwäldern christliche Begräbnisse möglich sein.
Der christliche Glaube schreibe keine spezielle Form der Bestattung vor, so der Oberkirchenrat. Aber es gebe in Jahrhunderten gewonnene Erfahrungen der Kirchen in der Begleitung Trauernder, die in die christlichen Bestattungsfeiern eingeflossen seien. Die wichtigsten Anliegen seien, von der Auferweckung Jesu Christi zu sprechen, die Hinterbliebenen zu trösten und das Andenken der Toten zu wahren. Diese Erfahrungen dürften bei der Einführung neuer Bestattungsformen nicht leichtfertig preisgegeben werden.

FriedWald® Die Bestattung in der Natur

Die Baumbestattung im Friedwald bietet eine Alternative zur konventionellen Grabstätte. An einem Baum kann die Asche eines Einzelnen oder einer ganzen Familie eingebracht werden.
Das neue Bestattungsgesetz in Nordrhein-Westfalen macht es möglich. Durch den ersten Friedwald des größten deutschen Bundeslandes werden Menschen ab dem 18. März 2004 nicht nur die Wahl zwischen einer Urnen-Bestattung auf einem klassischen Friedhof oder einer Beisetzung am Fuße eines Baumes im Wald haben.
Sie werden darüber hinaus entscheiden können, ob sie ihre Asche in einer biologisch abbaubaren Urne beisetzen lassen wollen oder ob diese Asche frei von jeglichem Urnenzwang direkt in der Graböffnung am Fuße eines Waldbaumes der Erde übergeben wird. Diese Wahlmöglichkeit ist bislang in Deutschland einmalig und zeichnet den neuen Friedwald Bad Laasphe am Rothaarsteig als Vorreiter einer zeitgemäßen Bestattungskultur aus.

Von der Homepage www.friedwald.de

Der Rottenburger Bischof Gebhard Fürst hat sich scharf gegen die Einrichtung eines Friedwaldes in Isny-Neutrauchburg gewandt. Friedwälder seien eine Absage an eine christlich-humane Begräbniskultur und die christliche Auferweckungshoffnung, sagte Fürst.
Der Bischof kritisierte, dass die hinter der FriedWald GmbH stehende weltanschauliche Ausrichtung „nicht transparent gemacht wird". Offenkundig handle es sich aber um eine „Hinwendung zur Natur als quasi-göttlicher Instanz". Das christliche Kreuz als Zeichen der Erlösung werde durch den „naturwüchsigen Baum ersetzt", erklärte Fürst. Die Sicht des Menschen als Person, worauf die ganze abendländische Kultur gründe, drohe im Naturhaften zu entschwinden. „An die Stelle der christlichen Hoffnung auf ewiges Leben bei Gott tritt die Rückkehr in den naturhaften Kreislauf des Stirb und Werde."

- Wie wirbt FriedWald für seine Bestattungsidee?
- Diskutieren Sie diese Form der Bestattung.
- Machen Sie eine Umfrage: „Was halten Sie von dieser Art der Beisetzung?"
- Wie begründen die Kirchen ihre Einstellung zu dieser alternativen Bestattungsform?
- Bewerten Sie die Stellungnahmen.

Jüdische Bestattungsrituale

Jüdische Männer treffen sich zum Gebet an Rabbi Löws Grab auf dem alten jüdischen Friedhof in Prag.

Kaddisch

Erhoben und geheiligt werde sein großer Name auf der Welt, die nach seinem Willen von ihm erschaffen wurde – sein Reich soll in eurem Leben, in den eurigen Tagen und im Leben des ganzen Hauses Israel schnell und in nächster Zeit erstehen. Und wir sprechen: Amein! Sein großer Name sei gepriesen in Ewigkeit und Ewigkeit der Ewigkeiten. Gepriesen sei und gerühmt, verherrlicht, erhoben, erhöht, gefeiert, hocherhoben und gepriesen sei der Name des Heiligen, gelobt sei er, hoch über jedem Lob und Gesang, Verherrlichung und Trostverheißung, die je in der Welt gesprochen wurde, sprechet: Amein! Fülle des Friedens und Leben möge vom Himmel herab uns und ganz Israel zuteil werden, sprechet: Amein. Der Frieden stiftet in seinen Himmelshöhen, stifte Frieden unter uns und ganz Israel, sprechet: Amein.

Das Judentum hat eine große Ehrfurcht vor der Totenruhe und der Unversehrtheit der Toten. Der Verstorbene wird mit einem weißen Totengewand (Sargenes) bekleidet, das für alle gleich ist. Im Tod gibt es keine sozialen Unterschiede. In Israel werden die Toten nur im Sargenes bestattet, das heißt ohne Sarg. Ein Mann wird zudem noch in den Tallit, den Gebetsmantel gehüllt. Im Grab wird mit Steinplatten ein Gewölbe um den Toten gebildet, der auf der Erde liegt.
Wegen der „Rückkehr zur Erde", aus welcher der Mensch stammt (Gen 3,19), kennt das Judentum nur die Erdbestattung. Traditionell findet das Begräbnis noch am Todestage oder dem Tag danach statt; dies verschiebt sich heute teilweise. Beim Begräbnis reißen die Hinterbliebenen zum Zeichen der Trauer ein Kleidungsstück – heute meist ein symbolisches Band – ein und beten das „Kaddisch", ein Gebet der Heiligung Gottes. Beim Besuch am Grab legen die Juden als Zeichen der Erinnerung und Anerkennung des Verstorbenen einen Stein aufs Grab.

TIPP

Besuchen Sie einen jüdischen Friedhof!

Bestattung im Islam

Wie im Judentum sind auch im Islam Erdbegräbnis und rituelle Reinigung vorgeschrieben. Die Waschung ist ein heiliger Akt: Der Leib soll rein zu Gott gelangen. Danach wird der Leichnam aber nicht in einen Sarg, sondern in ein Leinentuch gelegt.

Den Muslimen ist nur die sarglose Erdbestattung erlaubt. Jede andere Art der Bestattung darf nur im Notfall als Ausnahme praktiziert werden. Es ist allerdings erlaubt, die Toten im Sarg zu begraben, wenn es von den Behörden eines Landes so vorgeschrieben wird. Muslimische Gräber müssen auf eigenen Friedhöfen bzw. auf räumlich gesonderten Gräberfeldern liegen. Die einzelnen Gräber sind so anzulegen, dass die rechte Seite des Leichnams der Kibla (Richtung Mekka) zugewandt ist. Eine Trennung nach den Geschlechtern besteht nicht. Sie würde im Widerspruch zur prophetischen Tradition stehen. Durch die schlichte Gestaltung der Friedhöfe und der einzelnen Gräber und sogar durch die erwünschte anonyme Bestattung will der Islam Gräber- und Totenkult verhindern. Friedhöfe sollen Stätte des Gedenkens an das Jenseits sein.

TIPP

Reden Sie mit muslimischen Schülern über ihre Bestattungsrituale.

Buddhistische und hinduistische Bestattungsrituale

Buddhas Tod im Kreise seiner Schüler

Das Rad ist zentrales Symbol des Hinduismus. Es verkörpert die Zyklen von Geburt und Tod, von Entstehen, Reifen, Verfallen, Sich-Auflösen und Wiederhervorgehen.

Der Begriff **Buddhismus** stammt von Sanskrit „buddh“ und heißt erwachen. Erwachen aus der Dunkelheit des Nicht-Wissens zum Licht der Lehre. Auf den Tod eines Unerlösten folgt im Buddhismus zwingendermaßen seine Wiedergeburt. Das Heilsziel von Buddhisten besteht darin, dem quälenden Kreislauf der Reinkarnation zu entkommen und das Nirwana zu erlangen – das Nichts. Der Buddhismus kennt keine Angst vor dem Tod, da er ja den Eingang ins Nirwana anstrebt, er kennt nur die Angst vor der Wiedergeburt. Da jeder seinen Heilsweg selbst bestimmt, gibt es auch keine fest gefügten Bestattungsrituale. Die Asche der verbrannten Toten wird häufig dem Wasser übergeben. In Indochina und China sind aber auch Erdbestattungen auf zumeist offenen Friedhöfen üblich.

Der **Hinduismus** umfasst fast alle religiösen Ausdrucksformen der Menschheit, von der Verehrung von Naturgöttern über den Polytheismus bis hin zum Monotheismus und den Glauben an ein über alles herrschendes Weltgesetz. Im Hinduismus geht es wie im Buddhismus darum, dem Kreislauf der Wiedergeburten zu entkommen. Der Leichnam des Verstorbenen wird auf einem Scheiterhaufen verbrannt. Dem Feuer wird eine magische Kraft zugemessen. Häufig werden die Brandreste einem Fluss übergeben. Sowohl Hindus als auch Buddhisten richten den Verstorbenen in ihren Häusern Altäre ein und gedenken ihrer mit Opfergaben.

Verbrennung eines Hindu am Ganges. Die Asche wird in den Fluss gestreut.

TIPP

Recherchieren Sie im Internet zu hinduistischen und buddhistischen Bestattungsritualen.

Orientierungswissen 5: Bestattungsrituale in den Religionen

Bestattungsrituale als Teil des gesellschaftlichen Umgangs mit dem Tod

Friedhöfe, Grabkreuze und Bestattungsrituale sind Teil unserer Lebenswirklichkeit. Sie helfen mit, dass Sterben und Tod nicht vollkommen von der Bildfläche des Lebens und des täglichen Erlebens verschwinden. Sie sind somit Teil einer „Kultur gegen das Vergessen". Auch wenn die Teilnahme an solchen Ritualen für uns oft beklemmend ist – sie gehört zur Wirklichkeit genauso wie die Teilnahme an Feiern zur Taufe oder zur Hochzeit.

Christliches Verständnis vom Umgang mit dem Tod

Viele Menschen fühlen sich angesichts des Todes sprachlos und ohnmächtig. Der Ritus einer Bestattung geht gegen diese Sprachlosigkeit an: In der Liturgie und im Fürbittgebet wird der Name des Toten genannt. Sein Leben und Sterben wird mit dem Leben und Sterben von Jesus Christus verbunden. Die Zeichenhandlungen der Beerdigung zeigen die Bedeutung und personale Würde des zu Ende gegangenen Lebens. Der Verstorbene wird nicht „entsorgt", sondern bleibt Teil einer Gemeinschaft, zu der Lebende und Tote gehören.

Kompetenzen im Umgang mit Sterben und Tod

Das Berufsleben ist gerade in sozialen Berufen, in Krankenhäusern, Altenheimen und Hospizen, häufig geprägt von Fragen nach dem Tod und dem Umgang mit ihm. Darüber hinaus ist der Umgang mit Sterben und Tod und überhaupt der Umgang mit Grenzen Teil der Persönlichkeitsbildung. Es ist Teil unserer Kultur, die Rituale und Gebräuche zu kennen, die den Umgang mit den Toten bestimmen. Es ist ebenso wichtig, im Dialog mit anderen Religionen und Kulturen einen Blick für deren Umgang mit den so genannten „letzten Fragen" zu bekommen.

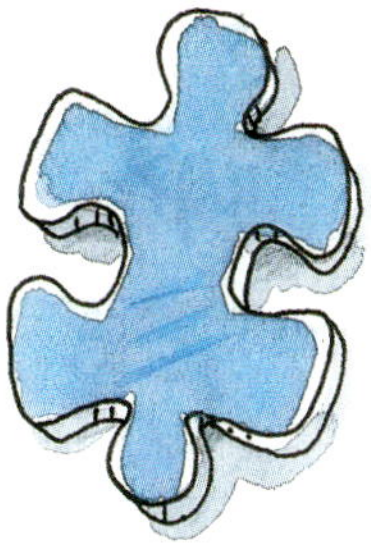

Tina & Paul

Paul: *Kruzifix nochmal ... tut das weh!*
Tina: *Hei, fluch hier nicht so rum.*
Paul: *Hast du dir schon mal den Fingernagel eingerissen?*
Tina: *Oh, das Leiden kennt keine Grenzen!*
Paul: *Lass mich in Ruhe! – Warum ist Kruzifix sagen eigentlich fluchen?*
Tina: *Kruzifix hat, glaub ich, irgendwas mit Kreuz zu tun ...*
Paul: *Mit was für einem Kreuz? Mit einer Straßenkreuzung, ... einer Kreuzspinne ... oder mit dir, denn mit dir ist's auch ein Kreuz, hat deine Mutter gestern gesagt.*
Tina: *Lass den Schwachsinn, das hat mit dem Kreuz von Jesus was zu tun. Der musste das doch rumschleppen. – Du hast doch den einen Film gesehen.*
Paul: *Ach so – war ganz schön hart.*
Tina: *Bestimmt härter als dein eingerissener Fingernagel!*

Kreuzweg – Leidensweg

1. Jesus wird zum Tode verurteilt.
2. Jesus nimmt das Kreuz auf seine Schultern.
3. Jesus fällt zum ersten Mal unter dem Kreuz.
4. Jesus begegnet seiner Mutter.
5. Simon von Zyrene hilft Jesus das Kreuz zu tragen.
6. Veronika reicht Jesus das Schweißtuch.
7. Jesus fällt zum zweiten Mal unter dem Kreuz.
8. Jesus begegnet den weinenden Frauen.
9. Jesus fällt zum dritten Mal unter dem Kreuz.
10. Jesus wird seiner Kleider beraubt.
11. Jesus wird ans Kreuz genagelt.
12. Jesus stirbt am Kreuz.
13. Jesus wird vom Kreuz abgenommen und in den Schoß seiner Mutter gelegt.
14. Der Leichnam Jesu wird ins Grab gelegt.

In den meisten katholischen Kirchen sind an den Seitenwänden gut sichtbar 14 Kreuzwegbilder angebracht. Der Kreuzweg ist eine bildhafte Darstellung des Leidensweges Jesu von seiner Verurteilung bis hin zur Grablegung. Seinen Ursprung hat der Kreuzweg im religiösen Leben der Christen in Jerusalem. Diese machten sich schon im Altertum immer wieder auf den Weg, um betend und singend die Orte des Leidens und Sterbens Jesu nachzugehen.

Die Künstlerin und Restauratorin **Doris Frass-Heckermann** war von Juni bis August 2002 mit der Gestaltung des Mödlinger Kreuzweges beschäftigt: „Die Bilder sind alle gegenständlich. Wichtig zu bemerken ist auch, dass sie aus der Sicht Jesu dargestellt sind, das heißt, man sieht alle anderen Personen, aber nicht ihn selbst oder nur Teile seines Körpers."

- Beschreiben Sie, was Ihnen an diesem Kreuzweg auffällt.
- Schreiben Sie zu jeder Station einige Zeilen.
- Was war Ihr härtester Leidensweg?
- Welches Kreuz haben Sie zu tragen?
- Wer hat Sie getröstet, unterstützt?
- Wem haben Sie in einer Leidensphase geholfen?

TIPP

Informieren Sie sich über einen Kreuzweg in Ihrer Nähe. Fotografieren Sie ihn und stellen Sie ihn Ihren MitschülerInnen vor.

Begegnungen mit dem Kreuz

Das lateinische Kreuz, das „typisch christliche Kreuz“, bei dem die senkrechte Linie länger als die waagerechte ist

Das griechische Kreuz mit vier gleich langen Armen

Das schräg gestellte Andreaskreuz, genannt nach dem Apostel Andreas

Das russische Kreuz ist das Kreuz der russisch-orthodoxen Kirche, bei dem zwei parallele waagerechte Linien und darunter noch eine dritte, schräg gestellte Linie die Senkrechte schneiden

Das Papstkreuz ist das offizielle Symbol des päpstlichen Amts. Die drei Querbalken symbolisieren vermutlich die drei Reiche, über die der Papst Schlüsselgewalt hat: die Kirche, die Welt und den Himmel.

Das Patriarchenkreuz wird oft auf Bildern von Kirchenfürsten, insbesondere Bischöfen und Kardinälen, dargestellt. Der kleinere Querbalken symbolisiert die Inschrift auf dem Kreuz.

Das byzantinische Kreuz wird von der griechisch-orthodoxen Kirche verwendet.

Das ägyptische Kreuz oder Ankh ist ein altes ägyptisches Symbol für Leben und Wiedergeburt, das von der koptischen Kirche adoptiert wurde. Die koptische Kirche kennt aber auch andere Kreuze.

Das ist ein Kreuz mit dir
Jeder hat sein Kreuz zu tragen
Kreuzteufelswild
Kreuzhimmeldonnerwetter
Kreuzfidel
Kreuzunglücklich
Zu Kreuze kriechen
Das Kreuz über etwas schlagen
Da mach ich drei Kreuze, wenn der weg ist
Jemanden aufs Kreuz legen

Das Kreuz ist das Hauptsymbol der Christenheit. Es ist zunächst ein Erinnerungszeichen an den Tod Jesu Christi am Kreuz (Karfreitag), aber das Kreuz ist auch ein Zeichen der Überwindung des Todes durch die Auferweckung (Ostern). Mit dem Kreuz verbindet sich darum für die Christen die Hoffnung auf Rettung und Heil für alle Menschen.

- Wo überall begegnen Ihnen Kreuze?
- Was bedeutet das Kreuz jeweils?
- Welche weitere Sprichwörter und Redensarten mit dem Begriff „Kreuz“ kennen Sie?

Kreuzigung

Auf den Philippinen haben sich am Karfreitag 21 Menschen an Holzkreuze schlagen lassen, um die Leiden Jesu Christi nachzuempfinden. Hunderte Besucher des Kreuzigungsrituals, unter ihnen ausländische Touristen, verfolgten in dem Ort Cutud, rund 80 Kilometer nördlich der Hauptstadt Manila, wie 17 Männern und einer Frau zehn Zentimeter lange Nägel durch Hände und Füße geschlagen wurden. Auch in der südphilippinischen Stadt Zamboanga wurden drei Männer ans Kreuz genagelt. „Der Herr vergebe mir, der Herr vergebe mir", sang der 41-jährige Ruben Enaje, der sich bereits zum 17. Mal ans Kreuz schlagen ließ. Zahlreiche junge Männer waren vor der Kreuzigung durch die Straßen von Cutud gelaufen und hatten sich mit Bambusstöcken den Rücken blutig geschlagen. Sie wollten auf diese Weise für ihre Sünden büßen und ihre Hingabe zu Gott zum Ausdruck bringen. Die Kirche in dem überwiegend katholischen Land hat das Ritual stets missbilligt. Die Behörden von Cutud hatten jedoch auf alte Traditionen verwiesen. Kritikern zufolge will die Gemeinde mit den Kreuzigungen Touristen anlocken.

- Verfassen Sie einen Brief an die Behörden von Cutud, in dem Sie diese Tradition anklagen. Überzeugen Sie mit Argumenten.

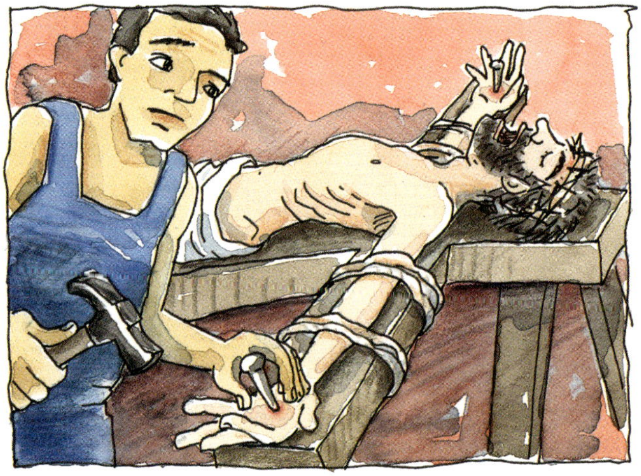

Die **Kreuzigung** war eine besonders grausame Todesstrafe der Römer, die der Abschreckung diente: Gekreuzigt wurden nur Sklaven und besonders gemeine Verbrecher. Römische Bürger durften nicht gekreuzigt werden.
Die Verurteilten band oder nagelte man an ein Querholz, das an einem Pfahl hochgezogen wurde. Danach schlug man zusätzlich einen langen Nagel durch die übereinander gelegten Füße. Die Nägel verursachten unerträgliche Schmerzen. Durch die Hängelage bekamen die Gekreuzigten langsam keine Luft mehr. Wenn sie nicht ersticken wollten, mussten sie ihr Gewicht auf die Nägel stützen und versuchen sich etwas aufzurichten. Der Todeskampf vollzog sich im qualvollen Aufbäumen und Absinken – so lange, bis der Gekreuzigte keine Luft mehr bekam. Während des Sterbens sammelte sich in der Brust- und Bauchhöhle Flüssigkeit an. Waren die Hände nur angebunden, konnte das Sterben mehrere Tage dauern. Manchmal wurden den Gekreuzigten auch die Schienbeine gebrochen, damit sie sich nicht mehr aufstützen konnten und schneller starben.

Unter einer **Passion** (vgl. lat.: *passio* = Leiden) versteht man im Christentum das Leiden und Sterben Jesu Christi mit dem Höhepunkt der Kreuzigung. Die Berichte davon in den Evangelien werden als Passionsgeschichten bezeichnet. Im Kirchenjahr ist dem Gedenken dieses Geschehens die vierzigtägige Passionszeit von Aschermittwoch bis Karfreitag eingeräumt.
Die katholische Kirche pflegt den Brauch der bildlichen Darstellung der Passion im Kreuzweg.
In der Musik wird die Passionsgeschichte im Oratorium dargestellt. Die bekanntesten Passionen sind Johann Sebastian Bachs Johannespassion und Matthäuspassion. Auch im Theater, in Oper und Musical (Jesus Christ Superstar) gibt es dramatisierte Darstellungen der Passion Christi. Bekannte Passionsspiele sind u. a. die Oberammergauer Passionsspiele. Auch im islamischen Raum gibt es Passionsspiele, in denen der tragische Tod eines religiösen Führers dargestellt wird: die schiitischen Passionsspiele.

Orientierungswissen 6: Kreuzweg – Leidensweg

Kreuz als allgegenwärtiges Symbol

Kreuze sind in unserer christlich geprägten abendländischen Kultur ein fast allgegenwärtiges Zeichen. Ob als Schmuckanhänger, als Wegkreuz oder auf Kirchtürmen: Man begegnet diesem Zeichen nahezu ununterbrochen. Wie mit allem, an das man sich gewöhnt hat, fällt es auch im Umgang mit dem Kreuz schwer, sich zu vergegenwärtigen, wofür es steht und was es eigentlich bedeutet.

Das Kreuz als christliches Zentralsymbol

Das Kreuz steht im Mittelpunkt aller Symbole des Christentums. Das Kreuz war die schrecklichste und grausamste Folterungs- und Todesform der Antike. Damit steht das Symbol des Kreuzes in christlicher Sicht für die ganze Härte des Todes, der sich auch Jesus Christus unterwarf. Gleichzeitig steht das Kreuz aber auch für die Überwindung dieses Todes, der damit nicht mehr das „letzte Wort“ in dieser Welt besitzt. Wenn Christen daher heute noch den Kreuz-Weg Jesu betrachten, dann geschieht dies nicht aus „Lust am Leiden“, sondern weil hier die täglichen eigenen Leidenserfahrungen mit der Hoffnung auf die Überwindung des Leids und des Todes in Jesus Christus verknüpft werden.

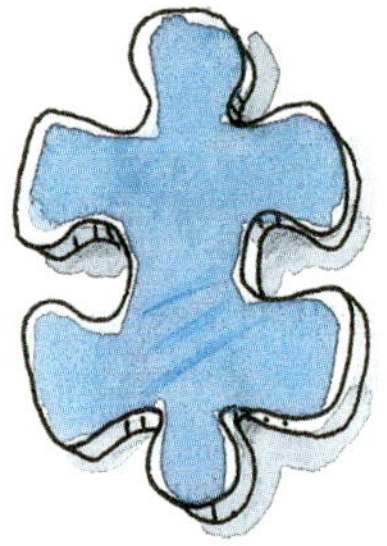

Bildung als Umgang mit der Kultur, in der wir leben

Trotz der allgegenwärtigen Symbolik des Kreuzes neigt unsere Gesellschaft dazu, Leiden und Tod aus dem Alltag zu verdrängen. Eine Beschäftigung mit der Symbolik des Kreuzes und den tatsächlich dahinter stehenden Bedeutungen kann daher dazu verhelfen, auf der einen Seite ein vertieftes Verständnis für die Bedeutung des christlichen Leidens- und Hoffnungssymboles zu finden und auf der anderen Seite den sensiblen Blick für die Leiden und Nöte in unserer Umgebung zu schärfen.

Tina & Paul

Paul: *Hast du das gecheckt mit der Auferweckung?*

Tina: *Hmmmm – eigentlich nicht.*

Paul: *Das hat der ja ganz nett gesagt, mit der Raupe und dem Schmetterling. Aber erstens bin ich keine Raupe und zweitens stirbt der Schmetterling ja auch wieder – und zwar recht schnell.*

Tina: *Das ist doch nur ein Bild, es bedeutet ...*

Paul: *Immer wenn's an schwierige Fragen geht, kommen die Bilder. Ich glaube, dass danach nichts ist, nur Dunkelheit.*

Tina: *Aber Dunkelheit ist ja auch schon was. Ich glaube, dass man irgendwie wieder auf die Welt kommt. Vielleicht sogar als Tier. Wie bei den Hindus.*

Paul: *Was soll ich denn als Tier auf dieser Welt! Ich will doch nicht im Kochtopf landen. Oder als Spinne in einem Staubsauger enden.*

Tina: *Ich eigentlich auch nicht. Aber ein Fisch in einem sauber gepflegten Aquarium, wie das von meinem Papa. Das ist ein super Leben.*

Paul: *Und die sagen zu deinem Papa „Gott".*

Tina: *So weit denken die nicht. Ich glaube, dass man Auferweckung gar nicht erklären kann. Es kann ja nicht so sein, dass man wie in einem Aufzug nach oben fährt – in den Himmel.*

Paul: *Das ist auch nur wieder ein Bild, aber malen kann man so etwas sowieso nicht. Ich denke, man ist wieder mit all denen zusammen, mit denen wir hier zusammen waren und Party hatten. Die Freunde, Eltern und so.*

Tina: *Dann geht ja der gleiche Zoff wieder los: Wie siehst du denn heute aus, mach die Haare anders hin ... Das muss schon anders sein.*

Paul: *Da ist doch nur dein Geist ...*

Tina: *Nein, auch der Körper. Hast du nicht aufgepasst?*

Paul: *Oh nein. Ich will dort oben aber keine Pickel haben.*

Glauben Sie an die Wiedergeburt?

- Glauben Sie an Wiedergeburt? Begründen Sie Ihre Antwort.
- Als was würden Sie gerne wiedergeboren werden?
- Welche Religionen lehren die Wiedergeburt?
- Finden Sie in der Darstellung des Buddha das Ideal: frei sein von Begehren, Hass oder Verblendung.

Auf den Tod des Unwissenden und damit Unerlösten folgt unweigerlich seine **Wiedergeburt**. Der Buddhismus kennt keine Angst vor dem Tod, da der endgültige Tod ja den Eingang ins Nirwana bedeutet, sondern nur die Angst vor dem Wiedergeborenwerden. Doch ist auch diesem Schrecken mit Gelassenheit zu begegnen. Die Wiedergeburtslehre des Buddhismus lehnt sich eng an die indische bzw. hinduistische Karma-Lehre an: Eine bessere Wiedergeburt wird durch gute, eine schlechtere durch böse Taten bewirkt

Allerdings sind im Buddhismus (stärker als im Hinduismus) nicht so sehr die Taten selber entscheidend, sondern die ihnen zugrunde liegenden Motive bzw. die geistige Einstellung des Handelnden. Was wir frei von Begehren, Hass oder Verblendung tun, wirkt sich positiv aus; das Handeln ohne Begierde auf Erfolg, ohne den Wunsch jemandem zu schaden und ganz allgemein das nur von der Vernunft geleitete Handeln fördern die Erlösung.

„Ich habe schon einmal gelebt“

Vor dem Verwaltungsgericht Münster war es im November 1986 um einen etwas ungewöhnlichen Prozess gegangen. Eine junge verheiratete Diplom-pädagogin hatte behauptet, durch ein so genanntes „Wiederverkörperungserlebnis“ plötzlich ihre „wahre Identität“ gefunden zu haben. Demzufolge sei sie in einem früheren Leben eine Inderin namens „Rima“ gewesen und könne nun mit den von ihren Eltern ausgewählten Vornamen Dagmar Luise Gisela nichts mehr anfangen; diese Namen seien ihr „wesensfremd“. Vom Ehemann und von ihren Freunden werde sie zwar schon „Rima“ gerufen, das sei ihr aber zu wenig: Die „neue Identität“ müsse auch im Personalausweis dokumentiert werden. Deren offizielle Nichtanerkennung bereite ihr nämlich Schlaflosigkeit und Magenbeschwerden. – Das Gericht entschied, dass der Glaube an die hinduistisch-buddhistische Lehre von der „Seelenwanderung“ und die angebliche Offenbarung einer „neuen Identität“ nicht zur Namensführung in der Geburtsurkunde führten. Dieser Glaube sei kein wichtiger Grund im Sinne des Gesetzes, um in die Kontinuität der Namensführung einzugreifen. Im privaten Bereich könne die Klägerin aber wie schon bisher als „Rima“ gelten.

- Ihre Oma und Ihr Opa haben in der Zeitung von der jungen Frau gelesen. Die beiden unterhalten sich ausführlich über das Problem. Gestalten Sie das Gespräch in einem Rollenspiel.

Reinkarnation (lat. = Wiederfleischwerdung, Wiedermenschwerdung)

Die Vorstellung, dass die Seele eines Lebewesens nach dessen Tod im Körper eines anderen Lebewesens zu einem neuen Leben wiedergeboren wird, nennt man deshalb auch volkstümlich „Seelenwanderung“.

Im *Hinduismus und Buddhismus* sind die Gläubigen der festen Überzeugung, dass man durch schlechtes Handeln in einem vorherigen Leben in den Kreislauf der Wiedergeburt hinein gezwungen wird. Eine Wiedergeburt wird also gar nicht angestrebt, sie ist lediglich die Folge negativen Handelns und erst der letzte Tod nach einem guten Leben führt zur endgültigen Erlösung.

In der *griechischen Antike* wurden Wanderungen von Seelen auch durch Tiere und Pflanzen gelehrt, z. T. unabhängig vom guten oder schlechten Verhalten. Eigentlich läuternden Charakter hat die Reinkarnation nach Platon († 347 v. Chr.), der eine mögliche Befreiung der Seelen durch wiederholtes gutes Handeln aus dem Geburtenkreislauf vertrat.

In der *Bibel* wird eine Reinkarnation nirgends ernsthaft in Betracht gezogen. Trotz des hohen Ansehens Platons in der Theologie der alten Kirche wurden seine Reinkarnationsideen abgelehnt, da man sie als unvereinbar mit der Hoffnung auf eine einzige und einzigartige Auferweckung des Fleisches ansah.

Schüleraussagen zur Auferweckung

„Der Mensch stirbt nie,
er hat eine Bestimmung zum Leben."

„Es gibt eine Auferweckung,
sie wird aber nicht so sein, wie es sich
die Religionen vorstellen."

„Der Gedanke, dass nach dem Tod nichts ist,
ist unvorstellbar."

„Auferweckung ist Hoffnung."

„Auferweckung muss man mit Jesus
und dessen Rückkehr in Verbindung bringen."

„Die Seele geht zu ihrem Ursprung."

„Wenn ich gut lebe,
werde ich zu meinen Freunden kommen,
wenn nicht, komme ich zurück
auf die Erde."

„Da hüpft man entweder bei den Engeln
oder dem Teufel rum."

„Man kommt als anderes Lebewesen
wieder auf die Welt."

„Nach dem Tod ist es nicht aus,
man lebt ein neues Leben weiter."

„Glaube daran,
Auferweckung ist für mich real."

„Man wird wiedergeboren,
aber das Gedächtnis wird gelöscht."

„Wenn alle auferweckt werden,
mit Leib und Seele,
gehen die gleichen Streitigkeiten ja wieder los."

„Auferweckung ist nur eine Erfindung,
damit die Menschen gut handeln."

- Welche Vorstellungen von Auferweckung spiegeln sich in den Schüleraussagen wider?
- Wie sieht Ihre eigene Vorstellung aus?

TIPP

Machen Sie eine Schulhof-Umfrage:
„Was bedeutet für Sie Auferweckung?"
Erstellen Sie daraus eine Statistik.

Das leere Grab

- Schildern Sie Ihre ersten Gedanken, wenn Sie am Grab eines Bekannten stehen würden, das nach der Beerdigung leer ist.
- Unterhalten Sie sich mit zwei Freunden in Form eines Rollenspiels. Spekulieren Sie, was mit Jesu Leichnam geschehen ist.

Aus dem Evangelium nach Markus

15:46 Josef kaufte ein Leinentuch, nahm Jesus vom Kreuz,
wickelte ihn in das Tuch und legte ihn in ein Grab, das in
einen Felsen gehauen war. Dann wälzte er einen Stein vor den
Eingang des Grabes.
15:47 Maria aus Magdala aber und Maria, die Mutter des
Joses, beobachteten, wohin der Leichnam gelegt wurde.
16:1 Als der Sabbat vorüber war, kauften Maria aus Magdala,
Maria, die Mutter des Jakobus, und Salome wohlriechende
Öle, um damit zum Grab zu gehen und Jesus zu salben.
16:2 Am ersten Tag der Woche kamen sie in aller Frühe zum
Grab, als eben die Sonne aufging.
16:3 Sie sagten zueinander: Wer könnte uns den Stein vom
Eingang des Grabes wegwälzen?
16:4 Doch als sie hinblickten, sahen sie, dass der Stein schon
weggewälzt war; er war sehr groß.
16:5 Sie gingen in das Grab hinein und sahen auf der rechten
Seite einen jungen Mann sitzen, der mit einem weißen
Gewand bekleidet war; da erschraken sie sehr.
16:6 Er aber sagte zu ihnen: Erschreckt nicht! Ihr sucht Jesus
von Nazaret, den Gekreuzigten. Er ist auferstanden; er ist
nicht hier. Seht, da ist die Stelle, wo man ihn hingelegt hatte.
16:7 Nun aber geht und sagt seinen Jüngern, vor allem
Petrus: Er geht euch voraus nach Galiläa; dort werdet ihr ihn
sehen, wie er es euch gesagt hat.
16:8 Da verließen sie das Grab und flohen; denn Schrecken
und Entsetzen hatte sie gepackt. Und sie sagten niemand
etwas davon; denn sie fürchteten sich.

Rembrandt: Er ist auferstanden; Feder- und Pinselzeichnung

Auferstehung: heute und jetzt

Hausbuchmeister; Die Auferstehung Christi; Tempera auf Holz; 1475

Ein Pfarrer:
ihr fragt
wie ist
die auferstehung der toten?
ich weiß es nicht
ihr fragt
wann ist
die auferstehung der toten?
ich weiß es nicht
ihr fragt
gibts
eine auferstehung der toten?
ich weiß es nicht
ich weiß
nur wonach ihr nicht fragt:
die auferstehung derer die leben
ich weiß
nur
wozu Er uns ruft:
zur auferstehung heute und jetzt

Kurt Marti

Die Jünger erfuhren: Gott ließ den Gekreuzigten nicht im Tod, sondern erweckte ihn zu neuem Leben.

Im Osterfest wird die **Auferweckung** Jesu Christi gefeiert. Der Glaube an die Auferweckung der Menschen ist das zentrale Element des Christentums.

Die Erzählungen in den Evangelien über die Auferweckung von Jesus stimmen in den zentralen Aussagen überein: Jesus wurde nach seinem Tod am Kreuz noch am Freitag vor dem Sabbat im Felsengrab des Josef von Arimathäa bestattet, das Grab wurde mit einem Stein verschlossen. Einige Frauen wollten am frühen Sonntag die Einbalsamierung vornehmen, fanden aber den Stein vom Grab weggerollt und das Grab leer, ebenso die Jünger, die sich davon überzeugen wollten.
In den folgenden vierzig Tagen erschien Jesus den Jüngern immer wieder unter unterschiedlichsten Bedingungen. Jesus aß mit den Jüngern, ließ sich berühren, sprach mit Menschen etc.

- Schreiben Sie auf, was Sie unter „Auferweckung heute und jetzt“ verstehen.
- Stellen Sie Ihre Idee als Kurzstatement der Klasse vor.
- Diskutieren Sie Ihre Statements.
- Vergleichen Sie das Bild mit der Erzählung des Markusevangeliums.

Erscheinungsorte

Aus dem Evangelium nach Matthäus
28:9 Plötzlich kam ihnen (den Frauen) Jesus entgegen und sagte: Seid gegrüßt! Sie gingen auf ihn zu, warfen sich vor ihm nieder und umfassten seine Füße.

Aus dem Evangelium nach Markus
16:14 Später erschien Jesus auch den Elf, als sie bei Tisch waren; er tadelte ihren Unglauben und ihre Verstocktheit, weil sie denen nicht glaubten, die ihn nach seiner Auferstehung gesehen hatten.
16:15 Dann sagte er zu ihnen: Geht hinaus in die ganze Welt und verkündet das Evangelium allen Geschöpfen!

Aus dem Evangelium nach Lukas
24:13 Am gleichen Tag waren zwei von den Jüngern auf dem Weg in ein Dorf namens Emmaus, das sechzig Stadien (ca. 11 km) von Jerusalem entfernt ist.
24:14 Sie sprachen miteinander über all das, was sich ereignet hatte.
24:15 Während sie redeten und ihre Gedanken austauschten, kam Jesus hinzu und ging mit ihnen.
24:16 Doch sie waren wie mit Blindheit geschlagen, sodass sie ihn nicht erkannten.

Aus dem Evangelium nach Johannes
20:15 Jesus sagte zu ihr (Maria Magdalena am Grab): Frau, warum weinst du? Wen suchst du? Sie meinte, es sei der Gärtner, und sagte zu ihm: Herr, wenn du ihn weggebracht hast, sag mir, wohin du ihn gelegt hast. Dann will ich ihn holen.

Aus dem Evangelium nach Lukas
24:36 Während sie noch darüber redeten, trat er selbst in ihre Mitte und sagte zu ihnen: Friede sei mit euch!
24:37 Sie erschraken und hatten große Angst, denn sie meinten, einen Geist zu sehen.

Aus dem Evangelium nach Johannes
20:26 Acht Tage darauf waren seine Jünger wieder versammelt und Thomas war dabei. Die Türen waren verschlossen. Da kam Jesus, trat in ihre Mitte und sagte: Friede sei mit euch!
20:27 Dann sagte er zu Thomas: Streck deinen Finger aus – hier sind meine Hände! Streck deine Hand aus und leg sie in meine Seite und sei nicht ungläubig, sondern gläubig!

Aus dem Evangelium nach Johannes
21:1 Danach offenbarte sich Jesus den Jüngern noch einmal. Es war am See von Tiberias.

Die Deutschen und die Auferweckung

Was stellen Sie sich am ehesten unter „Auferweckung von den Toten“ vor?

41	Ich stelle mir nichts darunter vor, das ist eine reine Wunschvorstellung.
30	Der Körper stirbt, nur die Seele lebt weiter.
15	Auferstehung ist ausschließlich ein Symbol für Hoffnung.
6	Man wird als anderer Mensch in dieser Welt wieder geboren.
5	Leib und Seele werden im Jenseits neu erschaffen.
4	Keine Angaben.

Angaben in Prozent

EMNID Chrismon 3/2002

- Welche Ansicht vertreten Sie? Begründen Sie Ihre Einstellung.

TIPP Machen Sie die gleiche Umfrage in Ihrem Freundes-, Verwandten- und Bekanntenkreis. Vergleichen Sie die Ergebnisse.

„Auferweckung von den Toten“ - Wunschvorstellung oder Realität?

Was meinen Sie? Stimmen zur Umfrage

Am jüngsten Tage, so steht es in der Bibel, werden die Menschen von den Toten auferweckt. Was aber sollen wir uns darunter vorstellen? CHRISMON fragte die Deutschen: Was stellen Sie sich am ehesten unter „Auferweckung von den Toten“ vor? Das Ergebnis: Für die meisten ist dieser Gedanke eine reine Wunschvorstellung. Besonders die Bürger in den östlichen Bundesländern waren zu 57 Prozent dieser Meinung (36 Prozent im Westen). Die christlich-traditionelle Vorstellung, „der Körper stirbt und die Seele lebt weiter“, teilen rund 30 Prozent der Bundesbürger - aber mit einer überraschenden Differenzierung: Junge Menschen (bis 29 Jahre) sind zu 38 Prozent dieser Meinung, ältere Menschen dagegen nur zu 28 Prozent. Dass die Auferweckung ausschließlich ein Symbol der Hoffnung sei, das glauben vor allem Menschen mit hoher Schulbildung (22 Prozent). Vom Reinkarnationsgedanken, den manche Religionen vertreten, sind besonders die 14- bis 29-Jährigen angetan (12 Prozent gegenüber einem Prozent der 50- bis 59-Jährigen). Fazit: Gerade für Jugendliche ist der Auferweckungsgedanke mehr als nur eine „reine Wunschvorstellung“.

Andreas Fritzsche, Chrismon Nr. 3/2002

Von neuem geboren werden

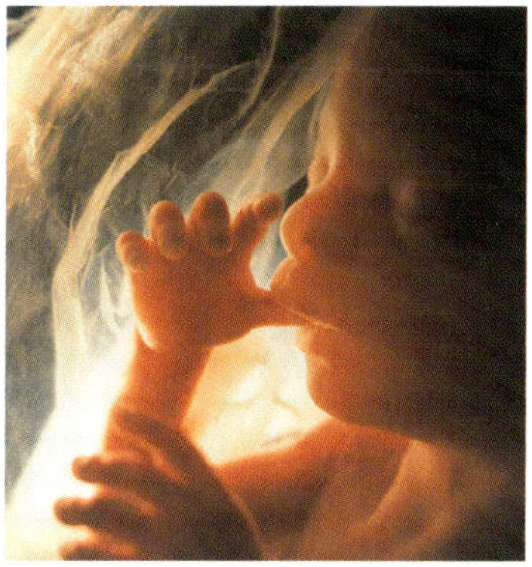

Definieren Sie den Zustand eines Embryos vor der Geburt.

Was ist die Geburt?

Was ist nach der Geburt?

LUDGER: Johannes, du kaust an einem Gedanken. Sprich ihn aus.

JOHANNES: Auch wenn er – den Vorgang unserer leiblichen Geburt betrifft?

LUDGER: Warum nicht? Sie ist der Quell des kreatürlichen Lebens.

JOHANNES: Ich denke mir oft, dass ich vor der Geburt von meiner Mutter umgeben war, in ihrem Leib, ohne sie zu kennen. Dann brachte sie mich zur Welt und ich kenne sie nun und lebe mit ihr. So, glaube ich, sind wir als Lebende von Gott umgeben ohne ihn zu kennen. Wenn wir sterben, werden wir ihn erfahren, so wie das Kind seine Mutter, und mit ihm sein. Warum soll ich den Tod fürchten?

COELESTIN *leise, beklommen:* Ich fürchte den Tod. Und ich fürchte immer, er könne mich übermannen – bevor ich wirklich gelebt habe. Ich habe manchmal Angst einzuschlafen am Abend, weil er kommen könnte, wenn ich nicht bei mir bin.

Carl Zuckmayer, in: Der Rattenfänger

Aus dem Evangelium nach Johannes

Aus Geist geboren

3:1 Es war ein Pharisäer namens Nikodemus, ein führender Mann unter den Juden.
3:2 Der suchte Jesus bei Nacht auf und sagte zu ihm: Rabbi, wir wissen, du bist ein Lehrer, der von Gott gekommen ist; denn niemand kann die Zeichen tun, die du tust, wenn nicht Gott mit ihm ist.
3:3 Jesus antwortete ihm: Amen, amen, ich sage dir: Wenn jemand nicht von neuem geboren wird, kann er das Reich Gottes nicht sehen.
3:4 Nikodemus entgegnete ihm: Wie kann ein Mensch, der schon alt ist, geboren werden? Er kann doch nicht in den Schoß seiner Mutter zurückkehren und ein zweites Mal geboren werden.
3:5 Jesus antwortete: Amen, amen, ich sage dir: Wenn jemand nicht aus Wasser und Geist geboren wird, kann er nicht in das Reich Gottes kommen.
3:6 Was aus dem Fleisch geboren ist, das ist Fleisch; was aber aus dem Geist geboren ist, das ist Geist.
3:7 Wundere dich nicht, dass ich dir sagte: Ihr müsst von neuem geboren werden.
3:8 Der Wind weht, wo er will; du hörst sein Brausen, weißt aber nicht, woher er kommt und wohin er geht. So ist es mit jedem, der aus dem Geist geboren ist.

- Was bedeutet im Zuckmayer-Text das Bild von der Geburt?
- Was meint Jesus, wenn er sagt, „wenn jemand nicht von neuem geboren wird, kann er das Reich Gottes nicht sehen"?

! Der Mensch kann in diesem Leben Gott nicht objektiv erkennen und beweisen. Der Mensch ist aber immer von Gott umgeben. Ähnlich wie der Embryo den Herzschlag seiner Mutter hört, ist es möglich, wenn man sich darauf einlässt, die Stimme Gottes zu hören.

Das könnte manchen Herren so passen

das könnte manchen herren so passen
wenn mit dem tode alles beglichen
die herrschaft der herren
die knechtschaft der knechte
bestätigt wäre für immer
das könnte manchen herren so passen
wenn sie in ewigkeit herren blieben
im teuren privatgrab
und ihre knechte knechte
in billigen reihengräbern
aber es kommt eine auferstehung
die anders ganz anders wird
als wir dachten
es kommt eine auferstehung
die ist der aufstand gottes
gegen die herren
und gegen den herrn aller herren:
den tod

Kurt Marti

- Deuten Sie das Gedicht von Kurt Marti.

In seinem ersten Brief an die Gemeinde von Thessalonich schreibt der Apostel Paulus:

4:14 Wenn Jesus – und das ist unser Glaube – gestorben und auferstanden ist, dann wird Gott durch Jesus auch die Verstorbenen zusammen mit ihm zur Herrlichkeit führen.

Auferweckung bedeutet, ...
... dass wir durch den Tod hindurch von Gott in eine neue, unvergängliche Gestalt verwandelt werden.
... dass unser ganzes bisher gelebtes Leben mit unserer ganzen Geschichte und allen Erfahrungen im Tod von Gottes Liebe verwandelt wird.
Auferweckung betrifft unser ganzes Menschsein: Leib und Seele, d. h. der ganze Mensch geht als Person in ein neues Dasein über.
Auferweckung bedeutet in diesem Leben und über den Tod hinaus: Gott befreit uns von allem, was uns belastet – von Sünde, Leid und Tod.

Auferweckung und Auferstehung sind sehr schwierige Begriffe. Wir können uns Jesu Geburt, sein späteres Leben, auch seinen Tod am Kreuz bildhaft sehr gut vorstellen. Aber die Auferweckung bleibt für uns ein Geheimnis.
Die Bibel will uns auch nicht sagen, *wie* die Auferweckung vor sich gegangen ist. Viele alte Darstellungen von Auferweckung zeigen uns, wie Christus wie mit einem Fahrstuhl nach oben gehoben wird. Das verdeutlicht, dass Menschen schon immer versucht haben, sich Auferweckung bildhaft vorzustellen – das kann nicht gelingen.
Die Bibel will uns letztendlich sagen, *dass* Jesus für uns auferstanden ist. Durch die Auferweckung Jesu wird uns gezeigt, dass die Liebe Gottes zu uns Menschen stärker ist als der Tod. Mit dem Tod ist nicht alles aus für uns Menschen, sondern es öffnet sich eine Tür zu einem neuen Leben mit Gott und unseren Freunden.

Auferweckung – Zeichen für uns

Der Mensch ist als ein Wesen mit Körper und Geist in den natürlichen Zusammenhang von Entstehen und Vergehen eingebunden. Dennoch trägt er die Berufung in sich, mit Gott in Beziehung zu treten. Wenn aber der Mensch als Person von Gott geschaffen ist, dann kann er als Person nicht am Ende seiner leiblich-materiellen Existenz verloren gehen. Aus dieser Erkenntnis nährt sich die christliche Hoffnung auf ein Leben nach unserem Dasein auf der Erde. Konkrete Gestalt gewinnt die Hoffnung der Glaubenden in der Auferweckung Jesu Christi. Sie bezeugt die Liebe Gottes zu uns Menschen. Gott hat seinen Sohn Jesus Christus so sehr geliebt, dass er ihn nicht im Tod gelassen hat, sondern am dritten Tag von den Toten auferweckte. Unsere Hoffnung auf ein ewiges Leben nach der Auferweckung begründet sich darin, dass Gottes Sohn Jesus uns als erster Toter das Hoffnungszeichen der Auferweckung gegeben hat.

Aus dem zweiten Brief an die Korinther

Die Hoffnung des Apostels

5:1 Wir wissen: Wenn unser irdisches Zelt abgebrochen wird, dann haben wir eine Wohnung von Gott, ein nicht von Menschenhand errichtetes ewiges Haus im Himmel.

5:2 Im gegenwärtigen Zustand seufzen wir und sehnen uns danach, mit dem himmlischen Haus überkleidet zu werden.

5:3 So bekleidet, werden wir nicht nackt erscheinen.

5:4 Solange wir nämlich in diesem Zelt leben, seufzen wir unter schwerem Druck, weil wir nicht entkleidet, sondern überkleidet werden möchten, damit so das Sterbliche vom Leben verschlungen werde.

5:5 Gott aber, der uns gerade dazu fähig gemacht hat, er hat uns auch als ersten Anteil den Geist gegeben.

5:6 Wir sind also immer zuversichtlich, auch wenn wir wissen, dass wir fern vom Herrn in der Fremde leben, solange wir in diesem Leib zu Hause sind;

5:7 denn als Glaubende gehen wir unseren Weg, nicht als Schauende.

5:8 Weil wir aber zuversichtlich sind, ziehen wir es vor, aus dem Leib auszuwandern und daheim beim Herrn zu sein.

5:9 Deswegen suchen wir unsere Ehre darin, ihm zu gefallen, ob wir daheim oder in der Fremde sind.

5:10 Denn wir alle müssen vor dem Richterstuhl Christi offenbar werden, damit jeder seinen Lohn empfängt für das Gute oder Böse, das er im irdischen Leben getan hat.

- Schreiben Sie den Text in Jugendsprache um. Verwenden Sie Metaphern, die Ihnen geläufig sind.

Orientierungswissen 7: Auferweckung

Die „Zumutung" des Auferweckungsglaubens

Es gibt Fragen, deren Beantwortung ein „Ganz-oder-gar-nicht" fordern. Am Grab eines Menschen stellt sich z. B. eine solche Frage: „Gibt es ein Leben nach dem Tod – oder gibt es nichts mehr?" Und die weitergehende Frage: „Wenn ja – wie sieht es aus, dieses Leben nach dem Tod?" Irgendwann im Leben wird jeder einmal mit dieser Frage konfrontiert: als Frage, die ich mir selbst stelle oder die ich gestellt bekomme. Dann gilt es, Stellung zu nehmen, eine Position zu beziehen. Alle Weltreligionen haben dies getan – und auf diesen Glauben stützen sich Millionen Menschen.

Auferweckung als Mitte der christlichen Hoffnung

Jede Weltreligion beantwortet die Problemstellung eines Lebens nach dem Tod auf ihre je eigene charakteristische Weise. Im christlichen Glauben steht die Überzeugung im Mittelpunkt, dass die Auferweckung Jesu Christi allen Menschen die Auferweckung eröffnet und anzeigt: Der Mensch wird als Person in ein neues Dasein gebracht – Leib und Seele gehören zusammen und werden gemeinsam verwandelt. Wie das genau aussieht, dafür gibt es viele Bilder. Alle diese Bilder haben wahrscheinlich ihr Richtiges und treffen trotzdem nicht die Wirklichkeit: Niemand weiß, wie die Auferweckung aussieht. Aber wer weiß schon, wie die Liebe aussieht? Gibt es die deshalb nicht?

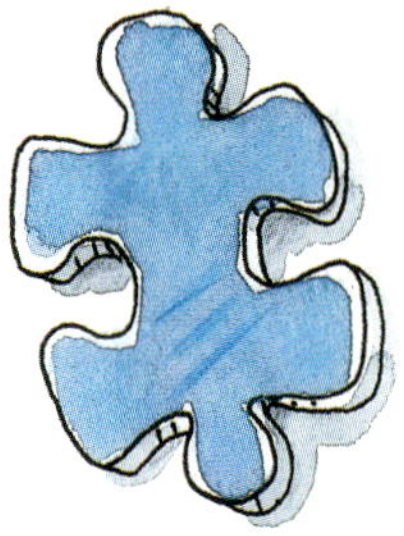

Auferweckungsglaube als Motivation und kritisches Korrektiv

Religiöse Menschen besitzen, das haben einige Untersuchungen zutage gefördert, ein insgesamt besseres Potenzial, um mit Krisensituationen umzugehen und fertig zu werden – sicherlich vor allem durch ihre Hoffnung auf einen umgreifenden Sinnhorizont, der auch den Tod übersteigt. Dieser Glaube macht aber auch solidarisch im Handeln: Auferweckung ist keine Angelegenheit für die „letzten Dinge", sondern ereignet sich im Alltag. Auferweckung geschieht, wenn Konflikte überwunden, Beziehungen wieder hergestellt und geschwisterliches Handeln sichtbar wird.

Tina & Paul

Tina: *Hei Paul, morgen ist Nachschreibtermin für die Klassenarbeit.*
Paul: *Noch so 'ne Hiobsbotschaft heute und ich hau ab.*
Tina: *Was heißt hier Hiobsbotschaft? Das ist doch nicht so schlimm.*
Paul: *Für dich nicht, du musst ja nicht nachschreiben, für mich ist das die absolute Katastrophe.*
Tina: *Woher kommt das eigentlich „Hiobsbotschaft"?*
Paul: *War irgend so ein Typ in der Bibel, bei dem auch alles schief ging.*
Tina: *Dann darf ich ab jetzt zu dir Hiob sagen?*
Paul: *Ja, er war auch der absolute Loser, nichts hat bei dem geklappt, und wenn ich jetzt den Nachschreibtermin versaue, dann ist's mit einer guten Note auch aus.*
Tina: *Aber noch längst nicht alles verloren.*

Ijobs Klage

Aus dem Buch Ijob

10:1 Zum Ekel ist mein Leben mir geworden, ich lasse meiner Klage freien Lauf,
reden will ich in meiner Seele Bitternis.
10:2 Ich sage zu Gott: Sprich mich nicht schuldig, lass mich wissen, warum du
mich befehdest.
10:3 Nützt es dir, dass du Gewalt verübst, dass du das Werk deiner Hände verwirfst,
doch über dem Plan der Frevler aufstrahlst?
10:4 Hast du die Augen eines Sterblichen, siehst du, wie Menschen sehen?
10:5 Sind Menschentage deiner Tage gleich und deine Jahre wie des Mannes Tage,
10:6 dass du Schuld an mir suchst, nach meiner Sünde fahndest,
10:7 obwohl du weißt, dass ich nicht schuldig bin und keiner mich deiner Hand
entreißt?
10:8 Deine Hände haben mich gebildet, mich gemacht; dann hast du dich
umgedreht und mich vernichtet.
10:9 Denk daran, dass du wie Ton mich geschaffen hast. Zum Staub willst du
mich zurückkehren lassen.
10:10 Hast du mich nicht ausgegossen wie Milch, wie Käse mich gerinnen lassen?
10:11 Mit Haut und Fleisch hast du mich umkleidet, mit Knochen und Sehnen mich
durchflochten.
10:12 Leben und Huld hast du mir verliehen, deine Obhut schützte meinen Geist.
10:13 Doch verbirgst du dies in deinem Herzen; ich weiß, das hattest du im Sinn.
10:14 Sündige ich, wirst du mich bewachen, mich nicht freisprechen von meiner
Schuld.
10:15 Wenn ich schuldig werde, dann wehe mir! Bin ich aber im Recht, darf ich das
Haupt nicht erheben, bin gesättigt mit Schmach und geplagt mit Kummer.
10:16 Erhebe ich es doch, jagst du mich wie ein Löwe und verhältst dich wieder wun-
derbar gegen mich.
10:17 Neue Zeugen stellst du gegen mich, häufst deinen Unwillen gegen mich, immer
neue Heere führst du gegen mich.
10:18 Warum ließest du mich aus dem Mutterschoß kommen, warum verschied ich
nicht, ehe mich ein Auge sah?
10:19 Wie nie gewesen wäre ich dann, vom Mutterleib zum Grab getragen.
10:20 Sind wenig nicht die Tage meines Lebens? Lass ab von mir, damit ich ein wenig
heiter blicken kann,
10:21 bevor ich fortgehe ohne Wiederkehr ins Land des Dunkels und des Todes-
schattens,
10:22 ins Land, so finster wie die Nacht, wo Todesschatten herrscht und keine
Ordnung, und wenn es leuchtet, ist es wie tiefe Nacht.

Die Rahmengeschichte:
Ijob ist ein reicher, glücklicher und frommer Viehzüchter aus Uz. Er ist der Herr einer glücklichen Großfamilie. Satan bezweifelt Gott gegenüber, dass Ijob auch im Elend noch ein gottesfürchtiger Mensch bleiben würde. Gott nimmt diese Herausforderung an: Ijob verliert sein Vieh, sein Haus, die Töchter und Söhne, er wird krank und von seiner Frau verspottet.
Ijob bleibt trotz seines Schicksals ein gläubiger Mensch.

- Lassen auch Sie Ihrer Klage freien Lauf!
- Klagen Sie verschiedenste Formen des menschlichen Leidens an.
- Schildern Sie Ihre Strategien, mit unterschiedlichsten Formen von Leid umzugehen!
- Wie hilft Ihnen Ihr Glaube im Umgang mit Leid?

Ijob – Stellungnahme aus christlicher Sicht

Gerät nicht unsere Gesellschaft immer mehr unter den Bann einer allgemeinen Verständnislosigkeit, einer wachsenden Unempfindlichkeit gegenüber dem Leiden? Täglich aus aller Welt überschüttet mit Meldungen über Tod, Katastrophen und Leid und ständig neuen Bildern von Brutalität und Grausamkeit ausgesetzt, suchen wir uns – meist unbewusst – immun zu machen gegen Eindrücke, die wir in dieser Fülle gar nicht verarbeiten können. Viele trachten danach, sich gegen Unheil jeder Art zu „versichern". Andere flüchten sich in Betäubungen. Wieder andere suchen Heil in der Utopie einer leidfreien Gesellschaft. Das Leid heute ist ihnen nur Vorgeschichte des endgültigen Siegs menschlicher Freiheit und oft zu problemlos mit der Geschichte abschaffbarer sozialer Unterdrückung einfach identifiziert.

Aber diese Utopien haben ihre Kraft verloren, seit die perfekte technisierte Welt tiefe Risse zeigt. So ist Leid vielen sinnleere Verlegenheit geworden oder Ursache kaum zu verdeckender Lebensangst. Um dem Sinn unserer christlichen Hoffnungsgeschichte näher zu kommen, müssen wir deshalb zuvor das anonym verhängte Leidensverbot in unserer „fortschrittlichen" Gesellschaft durchbrechen. Es geht nicht darum, den notwendigen Kampf gegen das Leid zu behindern. Vielmehr geht es darum, uns selbst wieder leidensfähig zu machen, um so auch am Leiden anderer zu leiden ...

Freilich wendet sich die Botschaft Jesu sofort und immer auch gegen uns selbst, die wir hoffnungsvoll auf sein Kreuz blicken. Sie lässt es nämlich nicht zu, dass wir über seiner Leidensgeschichte die anonyme Leidensgeschichte der Welt vergessen; sie lässt es nicht zu, dass wir über seinem Kreuz die vielen Kreuze in der Welt übersehen, neben seiner Passion die vielen Qualen verschweigen, die ungezählten namenlosen Untergänge, das sprachlos erstickte Leiden, die Verfolgung zahlloser Menschen, die wegen ihres Glaubens, ihrer Rasse oder ihrer politischen Einstellung in unserem Jahrhundert im Machtbereich faschistischer oder kommunistischer Systeme zu Tode gequält werden, die verfolgten Kinder seit den Zeiten des Herodes bis Auschwitz und bis in die jüngste Zeit. Haben wir indes, in der Geschichte unserer Kirche und des Christentums, sein hoffnungsschaffendes Leid nicht zu sehr von der einen Leidensgeschichte der Menschheit abgehoben? Sind wir Christen diesem Leiden gegenüber nicht oft in einer erschreckenden Weise fühllos und gleichgültig gewesen?

Haben wir es nicht in den „rein profanen Bereich" ausgestoßen – so als hätten wir nie davon gehört, dass der, auf den unsere Hoffnung blickt, uns gerade aus dieser „profanen" Leidensgeschichte entgegentritt und den Ernst unserer Hoffnung prüft: „Herr, wann hätten wir dich je leidend gesehen?" ... „Wahrlich, ich sage euch, was ihr einem dieser Geringsten nicht getan habt, habt ihr mir nicht getan!" (Mt 25)

Im Blick auf diesen Jesus, den Gekreuzigten und Auferstandenen, erhoffen wir auch für uns die Auferweckung der Toten. Unserer heutigen Lebenswelt scheint dieses Geheimnis unserer Hoffnung besonders weit entrückt. Offenbar stehen wir alle zu sehr unter dem anonymen Druck eines gesellschaftlichen Bewusstseins, das uns von der Botschaft der Auferweckung der Toten immer weiter entfernt, weil es uns zuvor schon von der Sinngemeinschaft mit den Toten überhaupt getrennt hat. Gewiss, auch wir Menschen von heute werden noch heimgesucht vom Schmerz und von der Trauer, von der Melancholie und vom oft sprachlosen Leiden am ungetrösteten Leid der Vergangenheit, am Leid der Toten. Aber stärker, so scheint es, ist unsere Berührungsangst vor dem Tod überhaupt, unsere Fühllosigkeit gegenüber den Toten.

Doch diese Frage nach dem Leben der Toten zu vergessen und zu verdrängen, ist zutiefst inhuman. Denn es bedeutet, die vergangenen Leiden zu vergessen und zu verdrängen und uns der Sinnlosigkeit dieser Leiden widerspruchslos zu ergeben. Schließlich macht auch kein Glück der Enkel das Leid der Väter wieder gut und kein sozialer Fortschritt versöhnt die Ungerechtigkeit, die den Toten widerfahren ist. Wenn wir uns zu lange der Sinnlosigkeit des Todes und der Gleichgültigkeit gegenüber den Toten unterwerfen, werden wir am Ende auch für die Lebenden nur noch banale Versprechen parat haben. Nicht nur das Wachstum unseres wirtschaftlichen Potenzials ist begrenzt, wie man uns heute einschärft; auch das Potenzial an Sinn scheint begrenzt und es ist, als gingen die Reserven zur Neige und als bestünde die Gefahr, dass den großen Worten, unter denen wir unsere eigene Geschichte betreiben – Freiheit, Emanzipation, Gerechtigkeit, Glück – am Ende nur noch ein ausgelaugter, ausgetrockneter Sinn entspricht.

Die Hoffnung auf die Auferweckung der Toten, der Glaube an die Durchbrechung der Schranke des Todes macht uns frei zu einem Leben gegen die reine Selbstbehauptung, deren Wahrheit der Tod ist. Diese Hoffnung stiftet uns dazu an, das Leben anderer durch solidarisches und stellvertretendes Leiden zu verwandeln. Darin machen wir unsere Hoffnung anschaulich und lebendig, darin erfahren wir uns und teilen uns mit als österliche Menschen. „Wir wissen, dass wir vom Tod zum Leben hinübergeschritten sind, weil wir die Brüder lieben; wer nicht liebt, der bleibt im Tode" (1 Joh 3,14).

Aus dem Beschluss der Würzburger Synode über „Unsere Hoffnung"

- Klären Sie die Begriffe:
  Leidfreie Gesellschaft
  – Leid als sinnleere Verlegenheit
  – Begrenztes Potenzial an Sinn
  – Solidarisches Leiden

Tina & Paul

Paul: *Jetzt flenn mal nicht so rum, es gibt noch genug andere Männer.*

Tina: *Das ist genau der Trost, den ich jetzt brauche. Du bist sensibel wie eine Mistgabel.*

Paul: *Entschuldigung, aber der hat dich doch nur ausgenutzt. Hat sogar Babs gesagt, die keine Gelegenheit auslässt.*

Tina: *Was soll das heißen – ausgenutzt?*

Paul: *Sonst bist du auch nicht so naiv. Der wollte dich doch nur flachlegen.*

Tina: *Rede nicht so, ich habe ihn geliebt.*

Paul: *Du ihn schon.*

Tina: *Was soll das schon wieder heißen?*

Paul: *Hast du nicht bemerkt, wie der dich verarscht hat? Der wollte dich nur rumkriegen. Der hat sogar mit seinen Kumpels eine Wette abgeschlossen, wie lange er dafür braucht. Sei froh, dass du ihn los bist.*

Tina: *Wir wollten doch zusammen in die Ferien … und nach der Prüfung zusammenziehen …*

Paul: *Vergiss es, der wollte nur eins …*

Tina: *Gott sei Dank hab ich ihn nicht richtig rangelassen.*

Paul: *Gott sei Dank!*

Der Morgen danach

Sie wachte auf, weil sie das jeden Morgen tat. Sie konnte nie lange schlafen, egal, wann sie in der Nacht zuvor ins Bett gekommen war. Sie hasste es, Tage zu verschlafen, besonders Tage wie diesen, denn neben ihr im Bett lag ihre neueste Eroberung, die sie nun nicht ohne Stolz betrachtete. Sie hatte die ganze Nacht um ihn gekämpft, zwei Freundinnen ausgebootet und ihn schließlich erlegt und nun war sie glücklich. Als sie sich am gestrigen Abend für die Pirsch zurechtgemacht hatte, hätte sie sich nie träumen lassen, so einen Fang mit nach Hause zu bringen. Allerdings hätte sie das nie ohne ihren sich so mühsam angeeigneten Instinkt geschafft. Sie hatte in zahlreichen Frauenzeitschriften und Selbsterfahrungsbüchern nach Hilfe gesucht und sie gefunden. Sie war neunundzwanzig Jahre alt und seit fast einem halben Jahr solo gewesen und hätte ohne diese Lektüre vermutlich schon längst aufgegeben. Aber gestern, da war es passiert, er hatte ihr gesagt, dass er sie attraktiv fände, ja sogar äußerst attraktiv und sie waren zu ihr gegangen und von nun an würde alles anders werden, die Zeit der Einsamkeit würde für immer vorbei sein. Nächste Woche würde sie ihn ihren Eltern vorstellen, die fragten ohnehin schon immer und ihre Mutter hatte sie nach jedem Nein noch trauriger angesehen. Aber von jetzt an könnte Vater mit ihm über Feuerversicherungen sprechen und sie und ihre Mutter würden schweigend zuhören. Denn er war aus der gleichen Branche wie Vater, Mutter würde ihr bestimmt zwischendurch immer zufrieden und stolz zunicken und Vater würde ihr am Ende auf die Schulter klopfen und sagen, „na endlich mal ein vernünftiger Mann".

Sie stand auf und ging leise ins Badezimmer. Sie wollte schön, munter und glücklich aussehen, wenn er aufwachte, und dann würde sie ihn mit einem Frühstück überraschen, das ihm die letzten Zweifel, falls diese noch bestehen sollten, nehmen würde, in ihr die Erfüllung zu sehen. Sie hängte ihm ein Handtuch und Waschlappen auf und legte ihm eine Zahnbürste hin. Sie hatte sich angewöhnt, Wäsche, Zahnbürsten und dergleichen doppelt zu kaufen, denn die wichtigste Voraussetzung für Glück war Optimismus. Sie konnte sich nicht mehr genau erinnern, wo sie das gelesen hatte, aber der Satz hatte sich in ihrem Kopf und Herz festgesetzt. Nachdem sie ihr Hygiene- und Schönheitsprogramm absolviert hatte, ging sie leise auf den Flur und warf einen prüfenden, nachdenklichen Blick in ihren Kleiderschrank, sie hatte ihn auf den Flur gestellt, weil ihre letzte Beziehung es gehasst hatte, morgens gestört zu werden. Zum Glück gab es den nicht mehr in ihrem Leben. Wenn er nichts dagegen hätte, würde sie den Schrank bald wieder in das Schlafzimmer stellen, denn ihr Flur war im Winter zu kalt zum Ankleiden. Sie entschied sich für ihr frech gepunktetes Sommerkleid, zog es schnell an, öffnete dann die Tür zur Abstellkammer, um die passenden Schuhe auszuwählen. In der Kammer standen noch die Tuba, der Ochsenziemer und der Hockeyschläger, denn sie war immer äußerst bemüht gewesen, sich in die Interessen ihrer Liebhaber einzufühlen. Eine Freundin hatte ihre Küche einmal gehässig als Küchenmaschinenfriedhof bezeichnet, denn jeder ihrer Liebhaber hatte bestimmte Vorlieben gehabt. Am schlimmsten war der Süddeutsche gewesen, der immer nur frische Spätzle essen wollte, und von der Reizwäsche, die sie beim Kochen tragen musste, hatte sie andauernd Pilze bekommen. Er hatte mit Sicherheit nicht diese Art von Ansprüchen, das sagte ihr ihr geschulter Instinkt.

Er hatte ihr auch gestern gesagt, dass er evangelisch sei, denn sie hatte sich geschworen, sich nie wieder mit einem musikalischen Zeugen Jehovas einzulassen. Alle ihre Freundinnen hatten damals ihr zuliebe den Wachtturm abonnieren müssen und hatten später unglaublich viel Mühe gehabt, ihn wieder abzubestellen, und beim Tuba-Üben hatte sie einmal einen Kreislaufkollaps bekommen. Er hatte nämlich behauptet, dass Tuba-Spielen sinnlich machen würde. Sie würde sie verkaufen und das Geld für den gemeinsamen Sommerurlaub sparen. Auf den Urlaub freute sie sich ganz besonders, endlich nicht mehr in weiblichen Notgemeinschaften am Pool ausharrend und dabei immer noch betont emanzipiert aussehen zu müssen, sie war jedes Mal froh gewesen, wenn sie wieder zu Hause war und sich von den Anstrengungen erholen konnte. Sie zog ihre Schuhe an und warf noch einen letzten Blick ins Schlafzimmer, er schlief noch tief und fest. Sie nahm ihre Handtasche, überprüfte kurz, ob sie Schlüssel und Portemonnaie hatte, und schlich dann aus der Wohnungstür. Sie lief die Treppe beschwingt hinunter, sah in den Briefkasten, fand nichts, war froh darüber und setzte ihren Weg in Richtung Supermarkt fort. Sie kaufte Sekt, diversen Aufschnitt, Blumen und anschließend beim Bäcker frische Brötchen. Die Bäckerin registrierte ihr strahlendes Lachen und sie hätte ihr am liebsten gleich von ihrem Glück berichtet, aber die Schlange hinter ihr hätte ihr das vermutlich nicht gegönnt ...

- Schreiben Sie die Geschichte zu Ende.

... Auf dem Rückweg dachte sie nicht mehr an die Vergangenheit, sondern nur noch an die Zukunft, an neue Möbel in einer größeren Wohnung, an fröhliche Kinder und viele gemeinsam verbrachte Abende. An den Wochenenden würde ihre Mutter hübsche Kinder auf dem Schoß haben und sie würde unglaublich viel Kuchen essen, weil sie schon wieder ein neues im Bauch hätte. Sie wäre am liebsten nach Hause gerannt, aber die Einkaufstüten waren zu schwer. Der Weg erschien ihr endlos, bis sie endlich ihre Tüten vor der Wohnung abstellen konnte und nach ihrem Schlüssel suchte. Sie öffnete die Tür und stellte ihre Einkäufe in den Wohnungsflur. Sie sah, dass die Schlafzimmertür offen und das Bett leer war. Sie rief ihn laut, ging ins Badezimmer, fand aber, bis auf ein einsam in der Toilettenschüssel treibendes Kondom und einen neuen Hundertmarkschein auf dem Nachttisch, nichts von dem, was sie gedacht hatte.

Susanne Bartsch

- Schildern Sie den Abend und den Morgen aus der Sicht der jungen Frau, aus der Sicht des jungen Mannes. Wie sind die Gefühle der beiden? Arbeiten Sie in zwei Gruppen: Schülerinnen schildern Sicht des Mannes, Schüler die Sicht der Frau.

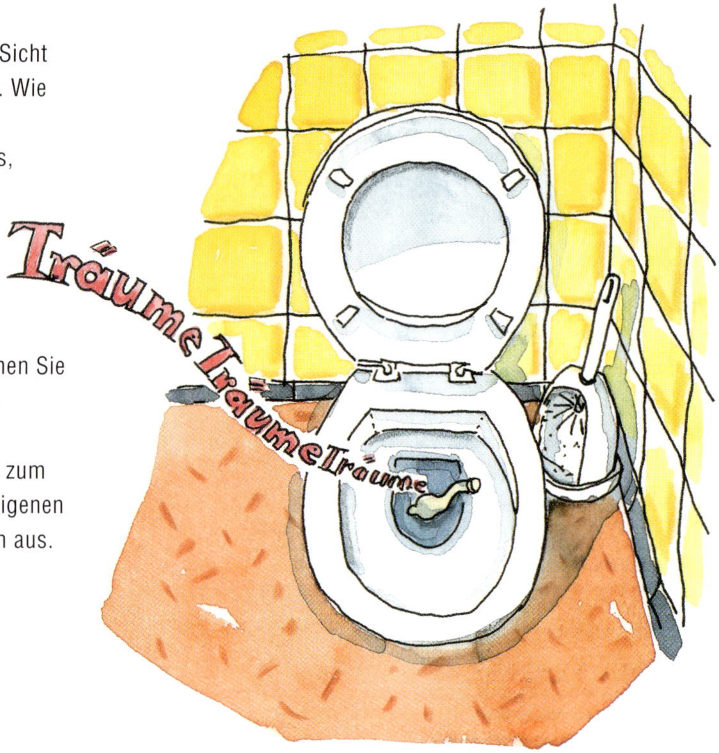

- Welche Regeln im Umgang mit einem Partner können Sie formulieren, damit es nicht zu solchen Situationen kommt?
- Machen Sie in Ihrer Klasse eine anonyme Umfrage zum Thema „enttäuschte Liebe“. Entwickeln Sie einen eigenen Fragebogen. Werten Sie die Ergebnisse gemeinsam aus.

Tina & Paul

Tina: *Wie geht's deinem Vater?*
Paul: *Hockt halt zu Hause vor der Glotze, Six-Pack und Chips dazu.*
Tina: *Den ganzen Tag?*
Paul: *Fast – Mama ist fix und fertig!*
Tina: *Und einen neuen Job?*
Paul: *Mit 45? So einen alten Sack nimmt doch niemand mehr.*
Tina: *Dein Vater ist doch voll fit – alter Fußballer.*
Paul: *Wenn er so weitermacht, bald nicht mehr. – Die haben einen 22-Jährigen an seine Stelle gesetzt.*
Tina: *Meinst du, wir haben Chancen einen Job zu finden?*
Paul: *Hoffentlich.*
Tina: *Die überlegen sich ja, dass man jetzt wieder 40 oder mehr Stunden arbeiten soll.*
Paul: *Mir doch egal, ob ich 35 oder 40 Stunden in der Woche arbeitslos bin. Ich will später eh nur arbeiten um zu leben, nicht leben um zu arbeiten. Meinem Alten hat das jetzt auch nichts genutzt. Jetzt weiß er schon nicht mehr, wie er den ganzen Wohlstands-Schrott bezahlen soll.*
Tina: *Was meinst du damit?*
Paul: *Zwei Autos, zwei Video-Rekorder, zwei DVD-Player, zwei Frauen – aber die Freundin hat ihn jetzt schon sausen lassen.*
Tina: *Sieh doch nicht alles so negativ. Mit 'nem guten Abschluss bekommst du in unserer Gesellschaft auch 'nen Job.*
Paul: *Ja, vielleicht irgendeinen, aber nicht den, den ich will.*
Tina: *Heute muss man eben flexibler sein.*
Paul: *Ja, Fräulein Arbeitsministerin, ich will aber nicht flexibel sein, sondern das arbeiten, was ich gelernt habe. Und um die halbe Welt möchte ich auch nicht an meinen Arbeitsplatz fahren.*
Tina: *Und das bei einem Chef, der dich tun und machen lässt, was du willst.*
Paul: *Nöööö – eigentlich sollte der schon sagen, wo's lang geht.*

Führungsstile

Autoritärer Führungsstil

Dieser Führungsstil wird auch als autokratischer, direktiver oder imperativer Führungsstil bezeichnet. Er ist gekennzeichnet durch eine Macht gebietende und einheitliche Haltung mit folgenden Maßnahmen:

- Entscheidungen werden vom Vorgesetzten allein ohne Anhören der Mitarbeiter getroffen.
- Aufgaben werden befehlsmäßig den „Untergebenen" angeordnet, ohne sie zu begründen.
- Die Arbeitsanweisungen werden bis ins Detail festgelegt und die Mitarbeiter führen die Anordnungen nur aus, ohne Verantwortung und Kompetenz zu besitzen.
- Informationen werden nur auf dem Dienstweg weitergegeben und enthalten nur das zur Aufgabenerfüllung Notwendige.
- Der Vorgesetzte geht auf Distanz zu seinen Mitarbeitern und pocht auf seine Amtsautorität. Er erwartet von ihnen in erster Linie Pünktlichkeit, Ordnung, Aufrechterhaltung der Disziplin und Anerkennung der gegebenen Zustände. Er geht davon aus, dass er gegenüber seinen Mitarbeitern den größeren Sachverstand besitzt, und glaubt, dass ohne sein Eingreifen und ständige Kontrollen keine Leistung zustande kommt.
- Kritik ist nicht konstruktiv, die Mitarbeiter erhalten kein persönliches Lob und keine Anerkennung.

Der autoritäre Führungsstil führt zu einer gespannten Atmosphäre im Betrieb, da die Mitarbeiter keine Achtung, Anerkennung und Selbstentfaltung erleben. Sie sind in der Regel unzufrieden, manchmal auch aggressiv.

Kooperativer Führungsstil

Andere Bezeichnungen für diesen Führungsstil sind demokratischer, kollegialer, sozialintegrativer oder partizipativer Führungsstil. Merkmale:

- Der Vorgesetzte berücksichtigt alle relevanten Kenntnisse und Informationen der Mitarbeiter bei der Entscheidungsfindung. Aufgaben und Entscheidungsbefugnisse werden an die Mitarbeiter delegiert; sie übernehmen auch die Verantwortung für den delegierten Aufgabenbereich.
- Ein hierarchischer Abstand zwischen Vorgesetzten und Mitarbeitern wird eher als hinderlich angesehen, eine persönliche Autorität des Vorgesetzten wird jedoch vorausgesetzt.
- Der Vorgesetzte setzt einen hohen Sachverstand bei seinen Mitarbeitern voraus und erwartet, dass diese im Rahmen ihrer festgelegten Aufgabenbereiche selbstständig denken, handeln und entscheiden.
- Informationen, die der Mitarbeiter benötigt, werden leicht zugänglich gemacht.
- Die Mitarbeiter kontrollieren sich selbst oder der Vorgesetzte kontrolliert in Form von Ergebniskontrollen.

Soziale Bedürfnisse, Statusstreben und der Wunsch nach Selbstverwirklichung werden befriedigt. Somit sind die Mitarbeiter zufrieden, freundlich und vertrauensvoll untereinander.

Laissez-faire-Stil

Dieser Führungsstil (frz. *laissez* = lasst, *faire* = machen) hat folgende Merkmale:

- Der Vorgesetzte bemüht sich nicht, bei den Mitarbeitern Interesse und Aktivität zu wecken und diese auf die Unternehmensziele auszurichten.
- Er kontrolliert die Mitarbeiter selten und lässt sie gewähren.
- Er entwickelt ein distanziertes Verhältnis zur Person des Mitarbeiters. Ihn interessiert nur die Leistung, um die persönlichen Probleme der Mitarbeiter kümmert er sich nicht.
- Er neigt zu einem weichen Kurs und übersieht unerwünschtes Verhalten von Mitarbeitern.
- Die Informationen fließen mehr oder weniger zufällig.

Da der Betriebsablauf jedoch bestimmte Anordnungen erfordert, kommt dieser Führungsstil im betrieblichen Alltag kaum vor.

- Was stellen Sie sich unter den einzelnen Führungsstilen vor?
- Benennen Sie Vor- und Nachteile der Führungsstile!
- Welchen Führungsstil bevorzugen Sie?
- Meine Erfahrungen mit Vorgesetzten.
- So stelle ich mir einen guten Chef vor.

TIPP

Stellen Sie Ihren Eltern die Führungsstile vor. Fragen Sie, mit welchen Stilen sie in ihrem Berufsleben konfrontiert wurden und welchen Führungsstil sie bevorzugen.

In der Arbeit frei?

Macht Arbeit in einem freien Land, in einer freien Wirtschaft, unter menschenwürdigen Bedingungen und für gutes Geld den Menschen frei? Wer Arbeit hat und seinen Unterhalt verdient, ist in der Regel frei von der Sorge um das alltäglich Notwendige und frei für manchen Genuss im Leben.
Leistungsfähig und genussfähig sind die Zauberworte unserer Gesellschaft. Arbeit kann viel Freude machen, Würde ausdrücken und Erfüllung schenken. Aber immer wieder bedrückt und zwingt die Arbeit den Menschen, erniedrigt ihn bisweilen zum Arbeitstier und stempelt ihn zur Arbeitskraft. Im Riesengetriebe einer modernen Leistungsgesellschaft werden Menschen oft zu funktionierenden Rädchen, zu auswechselbaren Funktionen, zu Kosten- und Risikofaktoren.
Die heutige Gesellschaft hat ungewollt drei Mittel, um den Menschen in einer Art Sklaverei zu halten: die Arbeit, das Geld und die Freizeit. Erfolgsdruck, Geldgier und Genusssucht sind die Mächte, die den Menschen beherrschen. Mit der Arbeit möchten Menschen möglichst viel Geld verdienen, mit dem Geld möglichst viel Vergnügen kaufen, aber sie merken dabei nicht, dass sie sich auf diese Weise als Sklaven verkaufen. Und das nennt man dann Freiheit!
Aber auch Arbeitslosigkeit und Geldmangel sind nur die Kehrseite der gleichen Unfreiheit. Gott hat dem Menschen die Arbeit als wunderbare Gabe anvertraut. Doch durch den Bruch mit Gott ist auch die göttliche Gabe zu einer menschlichen Verlegenheit geworden. Ob arbeitssüchtig oder arbeitslos, die Menschen sind nicht frei. Ob man die Arbeit vergötzt und als Lebenserfüllung überfordert oder sie verteufelt und als Lebenshinderung unterschätzt, man offenbart nur eine tiefe Verkrampfung.
Gott möchte den Menschen nicht als Arbeitskraft ansehen und gebrauchen. Er möchte uns als seine Partner lieben, die dann aus Liebe und im Sinne Gottes auch arbeiten und wirken. Gott ist immer erst Gastgeber, Trostgeber, Ratgeber und dann auch Arbeitgeber. Nicht unsere Arbeit macht uns frei, sondern seine Liebe zu uns. Sie hilft, auch in der Arbeit frei zu sein.

Axel Kühner

TIPP

Laden Sie Menschen ohne Erwerbstätigkeit in Ihren Unterricht ein und reden Sie mit ihnen über ihre Situation.

- Wie sicher ist Ihr zukünftiger Arbeitsplatz? Haben Sie sich Gedanken gemacht, was Sie im Falle von Erwerbslosigkeit tun werden?
- Im Statement der Deutschen Bischofskonferenz ist von Prävention die Rede. Wie könnte sie aussehen?
- Glauben Sie, dass Sie immer im gleichen Beruf tätig sein werden?
- Nehmen Sie Stellung zur Aussage: „Die heutige Gesellschaft hat ungewollt drei Mittel, um den Menschen in einer Art Sklaverei zu halten: die Arbeit, das Geld und die Freizeit."

Alle Menschen müssen ausreichend teilhaben können am gesellschaftlichen Leben. Es entspricht der Würde des Menschen, dass er in die Lage versetzt wird, selbst sein Leben zu gestalten. Wo der Einzelne dies nicht aus eigener Kraft vermag, ist er auf Hilfen angewiesen. Ziel muss es sein, den Ausschluss von Menschen aus dem gesellschaftlichen Leben aufzubrechen. Eine häufige Form des Ausschlusses, die auch mit Formen der Armut einhergeht, ist die Arbeitslosigkeit und ein Mangel an Bildung und Ausbildung. An diesen grundlegenden Übeln muss angesetzt werden.
Prävention ist besser als nachträgliche soziale Korrekturen. Dazu gehört auch eine gerechte Vermögensverteilung, für die sich die Kirche schon immer eingesetzt hat und die wirkungsvoll gefördert werden muss.

Rausschmiss auf Japanisch

Tokio

Massenentlassungen und Rekordarbeitslosigkeit in Japan – und niemand muckt auf. Der Elektroriese Matsushita beispielsweise trennt sich von 8000 Leuten. Schuld daran sind tiefrote Bilanzzahlen. Aber keiner wird aus betrieblichen Gründen gekündigt, alle gehen „freiwillig in den vorgezogenen Ruhestand". Wie läuft so etwas?

Hiroshi Miyake traf die lakonische „Einladung" wie ein Schlag. Irgendwie schien ihm und den meisten „Ausgewählten" die Sache suspekt: Warum kommandierte sie der Chef so urplötzlich zu einem „Umschulungslehrgang" in die Berge ab? Der gesundheitlich angegriffene Leiter der Einkaufsabteilung eines Chemiebetriebes aber ahnte, was bevorstand. Ihm war schon früher aufgefallen, dass er bei Geschäftsentscheidungen immer öfter übergangen wurde.

Als Miyake mit weiteren 200 Kollegen im idyllischen Feriendomizil des Betriebes ankommt, begrüßen sie nicht wie üblich die eigenen Leute dort mit freundlichen Parolen und kämpferischen Ritualen, sondern ein fremder, unterkühlter Wirtschaftsberater aus Tokio.

Erzwungene Selbstkritik

Ohne große Umschweife diktiert er die Aufgabe für die nächsten Tage:

Jeder schreibt in einem Essay auf, was er seit der Einstellung für die Firma getan hat. Immer und immer wieder müssen die Teilnehmer nach „Analysen" des Experten ihre Berichte verändern, mehr und härtere Selbstkritik üben. Als einer der Ersten verliert der 52-jährige Miyake die Nerven. Nachdem ihn der gnadenlose Konsultant zum vierten Mal regelrecht fertig gemacht hat, stürzt er aus dem Raum und trifft in seinem Zimmer einen bekannten Kollegen der Personalabteilung, der dem erniedrigten und fassungslosen Mann wortlos ein Blankoformular mit dem „Wunsch nach sofortiger und einseitiger Kündigung" hinlegt. Zittrige Hände unterschreiben. Der Schock sitzt tief: Miyake fühlt sich als Versager. Die Blamage vor der Familie und den Nachbarn scheint noch schlimmer als der Einkommensverlust.

Erst Wochen später wendet sich der abgewickelte „Umschüler" Miyake verzweifelt an die neue „Gewerkschaft für Manager". Dort trifft er zumindest auf Leidensgenossen wie Noboru Waruda.

Der Bereichsleiter war von einem Tag auf den anderen

mit 57 weiteren „Senior-Chefs" einer Werft in Nagasaki vom Hafen in die firmeneigene Cafeteria der Innenstadt versetzt worden. Dort hatten sie nichts weiter zu tun, als jeden Tag in der Kantine über ihre „Aktivitäten zum Aufdecken neuer Geschäftsfelder" Bericht zu erstatten. „Versetzt in die Cafeteria« ist seither das allgemeine Schreckgespenst der Manager von Nagasaki. Waruda wurde die Sache schließlich zu dumm. Er löste seinen Vertrag.

In diesem bereitwilligen „Handtuchwerfen" liegt der Sinn der Übung. „Wenn die Betroffenen die ständig böseren Demütigungen nicht mehr aushalten, geben sie ihren Job von selbst auf. Das kostet die Firma keinen Pfennig", konstatiert Rechtsanwalt Kenji Tokuzumi. Leider kommen die Opfer erst zu ihm, wenn sie die Kündigungspapiere bereits unterschrieben haben, was die rechtlichen Konter-Chancen gegen Null tendieren lässt. „Aber vielleicht kann man andere noch frühzeitig vor unüberlegten Handlungen warnen", hofft der Anwalt.

- Wie schaffen es die japanischen Arbeitgeber, ihre Angestellten zur Kündigung zu bewegen? Bewerten Sie diese Praxis.
- Verfassen Sie ein Plädoyer gegen diese Praxis.
- Beschreiben Sie Demütigungen, die Sie in Ihrem Schul- und Arbeitsleben erfahren haben. Entwickeln Sie in Gruppenarbeit Regeln für Arbeitgeber und Arbeitnehmer, die Kündigungs-Willkür verhindern helfen.

Arbeitsmoral

Anekdote zur Senkung der Arbeitsmoral

In einem Hafen an einer westlichen Küste Europas liegt ein ärmlich gekleideter Mann in seinem Fischerboot und döst. Ein schick angezogener Tourist legt eben einen neuen Farbfilm in seinen Fotoapparat, um das idyllische Bild zu fotografieren: blauer Himmel, grüne See mit friedlichen, schneeweißen Wellenkämmen, schwarzes Boot, rote Fischermütze. Klick. Noch einmal: klick, und da aller guten Dinge drei sind und sicher sicher ist, ein drittes Mal: klick. Das spröde, fast feindselige Geräusch weckt den dösenden Fischer, der sich schläfrig aufrichtet, schläfrig nach seiner Zigarettenschachtel angelt. Aber bevor er das Gesuchte gefunden, hat ihm der eifrige Tourist schon eine Schachtel vor die Nase gehalten, ihm die Zigarette nicht gerade in den Mund gesteckt, aber in die Hand gelegt und ein viertes Klick, das des Feuerzeuges, schließt die eilfertige Höflichkeit ab. Durch jenes kaum messbare, nie nachweisbare Zuviel an flinker Höflichkeit ist eine gereizte Verlegenheit entstanden, die der Tourist – der Landessprache mächtig – durch ein Gespräch zu überbrücken versucht. „Sie werden heute einen guten Fang machen."

Kopfschütteln des Fischers. „Aber man hat mir gesagt, dass das Wetter günstig ist." Kopfnicken des Fischers.

„Sie werden also nicht ausfahren?" Kopfschütteln des Fischers, steigende Nervosität des Touristen. Gewiss liegt ihm das Wohl des ärmlich gekleideten Menschen am Herzen, nagt an ihm die Trauer über die verpasste Gelegenheit. „Oh? Sie fühlen sich nicht wohl?" Endlich geht der Fischer von der Zeichensprache zum wahrhaft gesprochenen Wort über.

„Ich fühle mich großartig", sagt er. „Ich habe mich nie besser gefühlt." Er steht auf, reckt sich, als wollte er demonstrieren, wie athletisch er gebaut ist. „Ich fühle mich fantastisch."

Der Gesichtsausdruck des Touristen wird immer unglücklicher, er kann die Frage nicht mehr unterdrücken, die ihm sozusagen das Herz zu sprengen droht: „Aber warum fahren Sie dann nicht aus?" Die Antwort kommt prompt und knapp.

„Weil ich heute morgen schon ausgefahren bin." „War der Fang gut?" „Er war so gut, dass ich nicht noch einmal ausfahren brauche, ich habe vier Hummer in meinen Körben gehabt, fast zwei Dutzend Makrelen gefangen."

Der Fischer, endlich erwacht, taut jetzt auf und klopft dem Touristen auf die Schulter. Dessen besorgter Gesichtsausdruck erscheint ihm als ein Ausdruck zwar unangebrachter, doch rührender Kümmernis. „Ich habe sogar für morgen und übermorgen genug!", sagte er, um des Fremden Seele zu erleichtern. „Rauchen Sie eine von meinen?"

„Ja, danke."

Zigaretten werden in Münder gesteckt, ein fünftes Klick, der Fremde setzt sich kopfschüttelnd auf den Bootsrand, legt die Kamera aus der Hand, denn er braucht jetzt beide Hände, um seiner Rede Nachdruck zu verleihen. „Ich will mich ja nicht in Ihre persönlichen Angelegenheiten mischen", sagt er, „aber stellen Sie sich mal vor, Sie führen heute ein zweites, ein drittes, vielleicht sogar ein viertes Mal aus und Sie würden drei, vier, fünf, vielleicht sogar zehn Dutzend Makrelen fangen. Stellen Sie sich das mal vor!" Der Fischer nickt.

„Sie würden", fährt der Tourist fort, „nicht nur heute, sondern morgen, übermorgen, ja, an jedem günstigen Tag zwei-, dreimal, vielleicht viermal ausfahren – wissen Sie, was geschehen würde?"

Der Fischer schüttelt den Kopf.

„Sie würden sich in spätestens einem Jahr einen Motor kaufen können, in zwei Jahren ein zweites Boot, in drei oder vier Jahren könnten Sie vielleicht einen kleinen Kutter haben, mit zwei Booten oder dem Kutter würden Sie natürlich viel mehr fangen – eines Tages würden Sie zwei Kutter haben, Sie würden ...", die Begeisterung verschlägt ihm für ein paar Augenblicke die Stimme, „Sie würden ein kleines Kühlhaus bauen, vielleicht eine Räucherei, später eine Marinadenfabrik, mit einem eigenen Hubschrauber rundfliegen, die Fischschwärme ausmachen und Ihren Kuttern per Funk Anweisung geben, Sie könnten die Lachsrechte erwerben, ein Fischrestaurant eröffnen, den Hummer ohne Zwischenhändler direkt nach Paris exportieren – und dann ..." – wieder verschlägt die Begeisterung dem Fremden die Sprache. Kopfschüttelnd, im tiefsten Herzen betrübt, seiner Urlaubsfreude schon fast verlustig, blickt er auf die friedlich hereinrollende Flut, in der die ungefangenen Fische munter springen. „Und dann", sagt er, aber wieder verschlägt ihm die Erregung die Sprache. Der Fischer klopft ihm auf den Rücken wie einem Kind, das sich verschluckt hat. „Was dann?", fragt er leise.

„Dann", sagt der Fremde mit stiller Begeisterung, „dann könnten Sie beruhigt hier im Hafen sitzen, in der Sonne dösen – und auf das herrliche Meer blicken."

„Aber das tu ich ja schon jetzt", sagt der Fischer, „ich sitze beruhigt am Hafen und döse, nur Ihr Klicken hat mich dabei gestört."

Tatsächlich zog der solcherlei belehrte Tourist nachdenklich von dannen, denn früher hatte er auch einmal geglaubt, er arbeite, um eines Tages einmal nicht mehr arbeiten zu müssen, aber es blieb keine Spur von Mitleid mit dem ärmlich gekleideten Fischer in ihm zurück, nur ein wenig Neid.

Heinrich Böll

- Welche verschiedenen Auffassungen von Arbeit erkennen Sie im Text von Heinrich Böll?
  Welche Auffassung erscheint Ihnen sinnvoller?
- Definieren Sie Arbeitsmoral.

Kinderarbeit – Zahlen und Beispiele

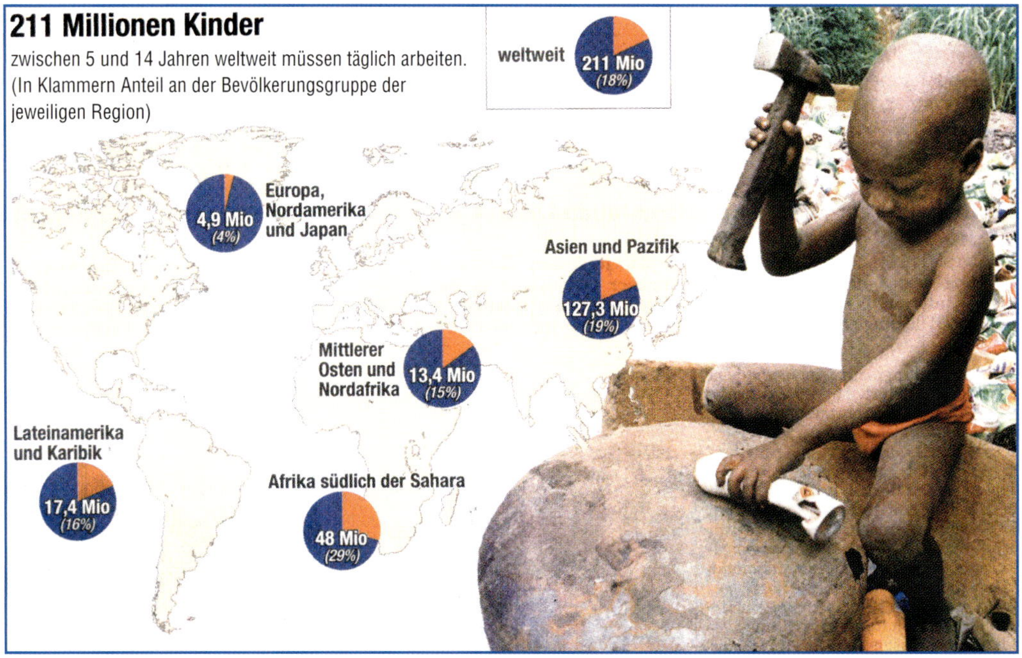

Sie schuften in Gerbereien, wo Laugen die Hände zerfressen. Sie hämmern Steine für den Straßenbau. Sie malochen in staubigen Minenschächten und sie basteln mit explosiven Chemikalien an Feuerwerkskörpern. Es gibt viele Beispiele für gefährliche Kinderarbeit in der Welt, vor allem in den Armutsregionen des Südens. In den schlimmsten Fällen werden Jungen und Mädchen in die Knechtschaft gezwungen, als Sexsklaven verkauft oder als Kindersoldaten an die vorderste Front geschickt. Das UN-Hilfswerk Unicef prangert diesen Missbrauch seit langem an. Es gibt weltweite Kampagnen für den Schutz solcher Kinder, zum Beispiel das Netzwerk »Global March«. Die Internationale Arbeitsorganisation (ILO) fordert, dass die schlimmsten Formen der Ausbeutung überall abgeschafft werden. Doch schnelle Erfolge sind in diesem mühsamen Kampf nicht zu erringen.

- In welchen Ländern gibt es Kinderarbeit?
- Welche Arbeiten verrichten Kinder? (Lohn, Zeit)
- Welche Hauptprobleme sehen Sie bei der Bekämpfung von Kinderarbeit?

Kinderlohn sichert Überleben

Arbeit der Kinder, so hart sie auch sein mag, macht oft wenigstens ein Überleben der Familien möglich. Derzeit sind etwa 211 Millionen Menschen im Alter zwischen 5 und 14 Jahren erwerbstätig; 106 Millionen von ihnen in einer abzuschaffenden Form der Kinderarbeit einschließlich der schlimmsten Formen. Die große Mehrheit davon lebt in Asien. In Afrika muss jedes dritte Kind arbeiten, die meisten von ihnen in der Landwirtschaft. In einer ILO-Studie rechneten Ökonomen kürzlich vor, wie stark Produktivität und Löhne in diesen Ländern steigen könnten, wenn man in die Ausbildung von Kindern investieren würde, anstatt sie frühzeitig in den Arbeitsprozess einzubinden. Der Gewinn für die Volkswirtschaft würde die Kosten der Abschaffung von Kinderarbeit um ein Vielfaches übertreffen.

Arne Perras

TIPP

Recherchieren Sie im Internet zu „Unicef" und „Global March" und zum Thema Kinderarbeit.

Gläserne Armreifen zu Spottpreisen erfreuen sich bei Indiens verheirateten Frauen großer Beliebtheit – Kinderarbeit in Firozabad macht's möglich.

Es ist die Hölle, finster und heiß. Licht und Luft sickern nur durch ein kleines Loch in die Hütte, in der Vinod und Ajay, Kanti und Shivani um eine Flamme kauern, die aus einer Gasleitung schießt. Die Kinder, zwischen acht und zwölf Jahre alt, löten Glaskringel zu Armreifen zusammen – eine einfache, aber gefährliche Arbeit, die ihnen die immer gleichen Handgriffe abverlangt, 4500-mal am Tag.

Ein Windstoß wäre verheerend bei der zwölfstündigen Akkordarbeit, mit der sie umgerechnet je 60 Cent am Tag verdienen. Das Quartett ist nur ein Glied in einer Kette, die mehr als 40 Produktionsstufen und kaum weniger Zwischenhändler umfasst, bevor die gläsernen Armreifen reich verziert in alle Ecken Indiens verschickt werden – für eine Rupie das Stück, das sind zwei Cent.

Mit den spottbilligen Armreifen, den so genannten Bangles, schmücken sich seit altersher verheiratete Inderinnen. Der zerbrechliche Zierrat stammt meist aus Firozabad, das zwei Drittel aller Glaswaren made in India produziert – unter erbärmlichen Bedingungen. Qualm benebelt den Blick und ständiges Hupen betäubt die Ohren in der eine Million Einwohner zählenden Stadt.

Manuela Kessler

- Beschreiben Sie Vinods Arbeitstag.
- Worunter leidet Vinod, welche Träume hat er?
- Welche Möglichkeiten haben Sie, die Bedingungen für Kinder wie Vinod zu verbessern?

Sklaverei im 21. Jahrhundert

100 Euro für einen Schweinehüter

Eines Tages im vorigen Herbst wurde ein Bauer aus dem Dorf Gostinu an der Grenze zu Bulgarien im Bukarester Kinder-Hospital „Grigore Alexandrescu" vorstellig. Er wolle einen Jungen abholen, der ihm gehöre, sagte er. Der Bauer war nicht der Vater des 13-jährigen Gheorghita, der mit schweren Verbrennungen im Krankenhausbett lag. Er war sein Sklavenhalter. Er hatte den Jungen von dessen Familie in Nordost-Rumänien „gemietet", um ihn als Schweinehüter einzusetzen. Der Arzt weigerte sich den Jungen herauszugeben.

Mithilfe von Medien und Hilfsorganisationen gelang es, Gheorghitas Mutter aus dem 400 Kilometer entfernten Dorf Cepelnita an das Krankenbett zu holen. Dort spielten sich dramatische Szenen ab – zwischen dem weinenden Gheorghita, der nach Hause wollte, dem Sklavenhalter, der „sein Eigentum" einforderte, und der hilflosen Mutter, die beteuerte, den Jungen nicht ernähren zu können. Sie lebt von umgerechnet 50 Cent pro Tag, die sie mit illegalem Holz-Sammeln verdient, und vom staatlichen Kindergeld, das sieben Euro im Monat beträgt. Der Bauer aber hatte der Mutter 100 Euro Miete für das Kind bezahlt, etwa zwei Drittel des rumänischen Netto-Durchschnittslohns im Monat.

Nach dem jüngsten Bericht des UN-Kinderhilfswerks Unicef arbeitet jedes fünfte der 5,6 Millionen rumänischen Kinder. Von ihnen schuften 90 Prozent in der Landwirtschaft, der Rest im Verkauf oder auf dem Bau. Im Nachbarland Bulgarien scheint die Situation etwas weniger dramatisch zu sein. 6,4 Prozent der Kinder arbeiten laut einer Studie der Internationalen Arbeitsorganisation (ILO), von diesen die meisten auf dem Bauernhof ihrer Eltern. In beiden Ländern gibt es Kinder, die betteln oder sich an den Verkehrsampeln auf die wartenden Autos stürzen, um für das Scheibenwaschen ein paar Cent zu erhaschen.

Kathrin Lauer

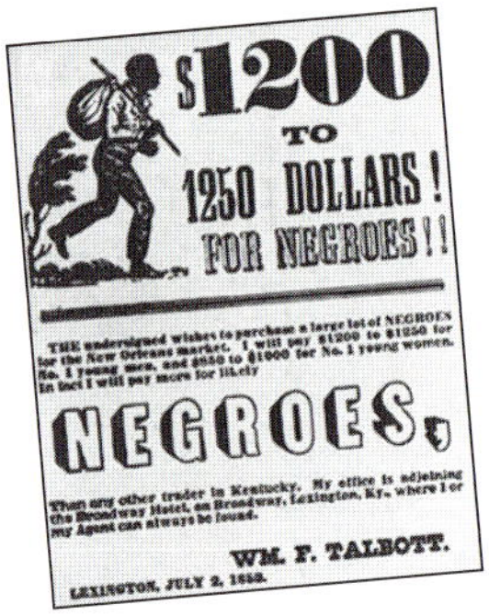

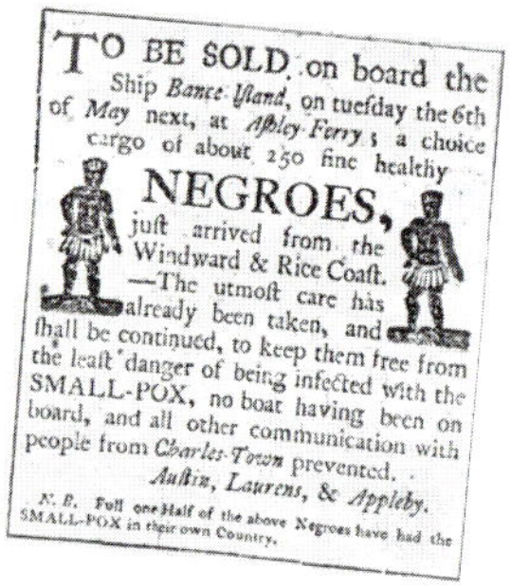

- Betrachten Sie die Bilder: Was wissen Sie über Sklaverei?
- Erstellen Sie in Partnerarbeit ein Poster gegen diese moderne Form der Sklaverei.

Tina & Paul

Paul: *Das macht mich total fertig. Das schaff ich nie!*
Tina: *Setz dich halt die nächsten Tage hin, dann schaffst du die Prüfung ganz locker.*
Paul: *Nie, das schaff ich nie.*
Tina: *Mit Jammern bestimmt nicht.*
Paul: *Das kann ja kein Mensch schaffen – so viel Stoff. Ich bin doch kein Computer.*
Tina: *Der Stoff ist mir egal, mir stinkt's, dass es zum Teil so laut ist, dass ich gar nicht verstehe, was Herr Müller will.*
Paul: *Du schnatterst doch auch ständig mit Barbara ...*
Tina: *Nur weil es sowieso so laut ist, wie soll man da was lernen.*
Paul: *Der muss eben durchgreifen, Strafarbeiten, Nachsitzen, Einträge und so!*
Tina: *Dann wären deine Noten auch nicht besser.*
Paul: *Beni hat gesagt, wenn's rum ist, würde er sich den Müller vorknöpfen.*
Tina: *Das trau ich dem sogar zu, der hat gestern auf dem Pausenhof so einen Jüngeren gepackt und ihm Zigaretten abgenommen.*
Paul: *Und die Pausenaufsicht?*
Tina: *Hat wie immer weggeschaut.*
Paul: *Bei mir hätte er da schlechte Karten.*
Tina: *Was würdest du machen?*
Paul: *Weiß nicht, aber Zuschlagen ist keine Lösung. Da holt der nur Verstärkung und wir haben Krieg. Ich denke, die ganze Schule, so mit allen: Schüler, Rektor, Lehrer, sollten sich mal zusammensetzen. Dass man Regeln aufstellt, die man auch einhält.*
Tina: *Gute Idee – und das aus deinem Kopf!*

Schülerklagen

Der 17-jährige Peter bezeichnet den homosexuellen Mitschüler K. fortwährend als Tunte oder Schwuchtel.

Der Lehrer wird von einem Schüler bedroht: „Bei der nächsten Fünf bekommen Sie Ärger."

Karl hat die zweite Fünf in Mathe zurückbekommen.

Ferdinands neue Turnschuhe verschwinden spurlos aus seinem Turnbeutel.

Zum Konrektor kommen die 16-jährigen Schülerinnen Katharina und Anja: „Wir möchten von Ihnen für den Unterricht von Herrn K. beurlaubt werden, dort geht es drunter und drüber. Wir können nichts lernen."

Der Klassenlehrer Herr M. erträgt den Unterricht nur noch unter Alkoholeinfluss und Beruhigungstabletten.

Auf dem Schulhof wird der 15-jährige Sven erpresst: „Wenn du die Zigaretten nicht rausrückst, gibt's Schläge!"

Mitschülerinnen mobben Elvira: „Die hat nur gute Noten, weil sie's mit dem Lehrer treibt."

Barbara macht blau. Sie hält den Klassenarbeitsdruck vor den Ferien nicht mehr aus.

Susi kann sich keine Designer-Klamotten leisten. Sie wird von Mitschülerinnen verspottet.

In der großen Pause versteckt sich Sigi auf dem Klo.

- Welche negativen Erfahrungen haben Sie in der Schule gemacht?
- Suchen Sie sich ein Fallbeispiel aus und schreiben Sie eine Kurzgeschichte dazu.
- Welche Möglichkeiten der Problemlösung sehen Sie?
- Erstellen Sie einen Regelkatalog für gelingende Schule.
- Stellen Sie diesen Katalog der Schulleitung vor.
- Kontrollieren Sie immer wieder, ob die erarbeiteten Regeln eingehalten werden.
- Welche positiven Erfahrungen haben Sie in der Schule gemacht?

Die guten alten Zeiten?

Prügel als Strafe

1964. Der kleine Peter war unaufmerksam. Er hatte mit seinem Banknachbarn getuschelt. Der Blick von Herrn Direktor Müller ging neben die Tafel. Dort hing der 1,20 Meter lange Haselnussstecken. Peter kannte das Ritual, das nun folgte. Freiwillig stand er auf, stellte sich vor die Tafel, das Gesicht zur Klasse gewandt und streckte seine Hand aus. Der Stecken sauste fünfmal mit voller Wucht auf seine Hand nieder. Dann zerbrach er. Herr Müller rief in die Klasse: „Wer besorgt mir bis morgen einen neuen Stecken?“ Fünf Hände fuhren in die Höhe.

Prügelstrafe

Als Strafmethode in der Kindererziehung waren Körperstrafen in abgemilderter Form das wohl beliebteste Erziehungsmittel bis etwa zur Mitte des 20. Jahrhunderts. Diese Körperstrafen wurden in der Regel auf den Po, im Schulmilieu oft auch auf die ausgestreckte Hand des Kindes gegeben (so genannte „Tatzen“). Andere häufig gebrauchte Körperstrafen waren die Ohrfeige, die Kopfnuss, das Ziehen an den Haaren oder Ohren oder das Knienlassen des Kindes auf einem dreikantigen Holzscheit.

Auch heute noch sind in den meisten Ländern der Welt Körperstrafen als Erziehungsmittel (soweit sie maßvoll und angemessen sind, also keine Misshandlung darstellen) legal und können dort vor allem von den Eltern, jedoch auch – im Rahmen festgeschriebener Gesetze – von Lehrern oder anderen Erziehungsverantwortlichen erteilt werden. So gibt es z. B. in einem Drittel der Staaten der USA noch immer Körperstrafen an den Schulen. Diese werden in der Regel mit einem speziellen Holzpaddel („paddle“) auf das bekleidete Gesäß des Schülers gegeben („paddling“).

In den meisten Staaten Europas hat sich seit etwa dem Ende des Zweiten Weltkriegs, vor allem in den 1960-er/1970-er Jahren und gestützt durch neue psychologische Erkenntnisse, die neue öffentliche Meinung durchgesetzt, dass Körperstrafen schädlich für die Entwicklung des Kindes sind und nicht mehr angewendet werden sollen. In der DDR wurden Körperstrafen an den Schulen 1949 abgeschafft, 1973 auch in der Bundesrepublik Deutschland. (Jedoch erklärte noch 1979 das Bayerische Oberste Landesgericht, dass „im Gebiet des Freistaates Bayern ... ein gewohnheitsrechtliches Züchtigungsrecht“ besteht.) In Schweden wurden 1979 Körperstrafen als Erziehungsmittel grundsätzlich illegalisiert, ebenso seither in mehreren anderen (v. a. europäischen) Staaten, die dem Beispiel Schwedens folgten. In Deutschland ist die körperliche Züchtigung (neben seelischen Verletzungen und anderen entwürdigenden Maßnahmen) mit Änderung des § 1631 Abs. 2 BGB seit 6. November 2000 ebenfalls verboten. Damit wurde das bis dahin bestehende elterliche Züchtigungsrecht aufgehoben. International ist umstritten, ob maßvolle Körperstrafen als Erziehungsmittel die Kinderrechte verletzen oder nicht. Unumstritten ist jedoch, dass eine Kindesmisshandlung eine strafbare Tat und eine schwere Verletzung der Kinderrechte darstellt.

- Was halten Sie für eine maßvolle körperliche Bestrafung?
- In welchen Fällen würden Sie eine solche Bestrafung befürworten?
- Finden Sie Argumente und Beispiele, warum es besser ist, Kinder und Jugendliche ohne körperliche Strafe zu erziehen.

Arrangieren Sie ein Treffen mit allen Fachlehrern und diskutieren Sie mit ihnen Vorschläge zur Verbesserung des Schulklimas.

Lehrer und Schüler

Ausschluss wegen Schlags gegen Lehrerin

FREIBURG (hos) – Ein zwölfjähriger Realschüler ist von der Schule geflogen, weil er seiner Lehrerin vor der Klasse einen Schlag gegen den Arm versetzt und geäußert hatte, sie solle sich „verpissen". Das Verwaltungsgericht Freiburg hat die Entscheidung des Schulleiters für rechtens erklärt.

Der Junge hatte offenbar die Beherrschung verloren, als ihn die Lehrerin wegen einer tätlichen Auseinandersetzung mit einem Mitschüler ins Klassenbuch eintragen wollte. Zunächst kündigte er seinen Mitschülern Prügel an, falls er von der Schule fliege. Auf die Aufforderung der Lehrerin, mit ihr zum Schulleiter zu gehen, fegte er Hefte und Bücher vom Tisch und schlug die offen stehenden Fenster zu. Die Lehrerin eilte ihm nach und berührte ihn mit der Hand an der Schulter. In diesem Moment passierte es: Der Junge versetzte der Lehrerin vor den Augen seiner Mitschüler einen gezielten und heftigen Schlag gegen den Arm und rief, sie solle sich „verpissen".

Das Verwaltungsgericht Freiburg bestätigte jetzt die Haltung des Schulleiters, wonach ein Verbleib des Jungen in der Schule „eine ernstliche Gefahr für die Erziehung, die Sicherheit oder die Unterrichtung der anderen Schüler bedeuten" würde. Tätliche Angriffe auf Lehrer stellten eine erhebliche Beeinträchtigung des Schulfriedens und Störung des Unterrichtsbetriebs dar. Schüler, Eltern und Lehrer müssten darauf vertrauen können, dass Konflikte im schulischen Bereich ausschließlich gewaltfrei ausgetragen würden. Besonderes Gewicht habe das Verhalten des Jungen noch dadurch, dass er zunächst seinen Mitschülern mit Tätlichkeiten gedroht habe und dann nicht davor zurückgeschreckt sei, diese Drohung vor der Klasse sogar gegenüber einer Lehrerin in die Tat umzusetzen. Der auf dieses Fehlverhalten verfügte Schulausschluss verstößt nach Auffassung des Gerichts nicht gegen den Grundsatz der Verhältnismäßigkeit. Von Tätlichkeiten eines Schülers gegenüber einer Lehrerin gingen wesentlich andere Gefahren für das Schulleben aus als von den üblichen Auseinandersetzungen zwischen gleichaltrigen Schülern (Aktenzeichen: 2 K 1642/03).

- Befragen Sie Ihre Lehrer nach ihren negativsten Unterrichtserfahrungen.
- Zeigen Sie ihnen die Karikaturen und fragen Sie, ob sie von ähnlichen Erlebnissen berichten können.
- Ist der im Zeitungsartikel berichtete Schulausschluss berechtigt?
- Wie muss Schule sein, damit Sie gerne hingehen?
- Entwickeln Sie einen Regelkatalog, der es SchülerInnen und LehrerInnen einfacher macht, gerne in die Schule zu gehen.

Tina & Paul

Tina: *Was ist denn das?*
Paul: *Da staunst du! Willst 'ne Runde mitfahren?*
Tina: *Wo hab ich da überhaupt Platz?*
Paul: *Genau hinter mir, musst dich gut festhalten. Die geht ab wie eine Rakete.*
Tina: *Ohne Helm mach ich das nicht.*
Paul: *Sieht doch keiner.*
Tina: *Darfst du die Maschine überhaupt schon fahren?*
Paul: *Eigentlich nicht, aber das weiß ja keiner.*
Tina: *Wie schnell kann man damit fahren?*
Paul: *Locker 300 Sachen!*
Tina: *Wie viel?*
Paul: *Also komm schon, nur eine kleine Runde. So schnell bist du nie wieder auf 100. Drei Sekunden.*
Tina: *Nööö, du hast noch keine Erfahrung, das ist ja 'ne Rennmaschine.*
Paul: *Das Beschleunigen macht Spaß ohne Ende. Komm, steig jetzt auf!*
Tina: *Ist die nicht ein bisschen laut?*
Paul: *Das hört doch keiner, stell dich nicht so an.*
Tina: *Mein Vater ist gestürzt. Er war gar nicht schnell, seither humpelt er.*
Paul: *Auf der Geraden da vorne war ich vorher auf 200.*
Tina: *So schnell. Da sieht dich ja keiner.*

Ich und meine Fahrzeuge

Mein Leben auf Rädern

Mein Fahrzeug ist für mich wie ...

Mein Fahrzeug ist ...

Paula rollt

Nachdem Paula erfolgreich auf die Welt gekommen war, wurde sie mit ihrer Mama aufs Stationszimmer gefahren. Der Papa holte beide aus dem Krankenhaus ab. Hinein mit der kleinen Paula in den Kinderwagen, von dort ins Auto. Zu Hause stand da schon der fahrbare Stubenwagen. Zum ersten Geburtstag bekam sie einen Bobby-Car. Bevor sie lief, konnte sie fahren. Zum zweiten Geburtstag gab es das Dreirad, zum dritten den Roller, zum fünften das erste Rad. Danach folgten viele Fahrräder. Endlich war Paula 16. Endlich keine körperliche Anstrengung beim Fahren. Ein Motorroller. Und schon war sie ins 18-te Lebensjahr gefahren. Das Auto bekam sie von Papa zum Geburtstag. Und so fuhr Paula durch ihr ganzes Leben – fast eine Million Kilometer. Jetzt ist Paula alt, sie fährt in einem Rollstuhl. Vor drei Tagen ist sie gestorben. Mit einem Leichenwagen wurde sie zum Bestatter, von dort zum Friedhof gefahren. Der Sarg wird gerade zum Grabloch gerollt. Die letzte Fahrt. Eigentlich lief für Paula alles wie geschmiert. Gelaufen ist sie selten.

- Wie viele Fahrzeuge haben Sie schon besessen?
- Beschreiben Sie Ihre Beziehung zu Ihrem Fahrzeug!
- Wie viel Zeit verwenden Sie, um Ihr Fahrzeug zu pflegen?
- Mobilität, Geschwindigkeit und Beschleunigung sind Grundstrukturen des modernen Lebens. Wo erfahren wir noch Beschleunigung?
- Wie gelingt Verlangsamung?

Moderne Götzen

Götze (zu der mittelhochdeutschen Koseform für Gott: „götz“ = Heiligenbild; bei Luther = falscher Gott), in der wertenden Sprache einer – monotheistischen – Religion ein Gegenstand göttlicher Verehrung (Mensch, Naturwesen, Ding) einer anderen Religion.

Aus dem Buch Exodus

Der Bruch des Bundes: das goldene Kalb

31:18 Nachdem der Herr zu Mose auf dem Berg Sinai alles gesagt
hatte, übergab er ihm die beiden Tafeln der Bundesurkunde, steinerne Tafeln, auf die der Finger Gottes geschrieben hatte.
32:1 Als das Volk sah, dass Mose noch immer nicht vom Berg
herabkam, versammelte es sich um Aaron und sagte zu ihm:
Komm, mach uns Götter, die vor uns herziehen. Denn dieser Mose,
der Mann, der uns aus Ägypten heraufgebracht hat – wir wissen
nicht, was mit ihm geschehen ist.
32:2 Aaron antwortete: Nehmt euren Frauen, Söhnen und Töchtern die goldenen Ringe ab, die sie an den Ohren tragen, und
bringt sie her!
32:3 Da nahm das ganze Volk die goldenen Ohrringe ab und
brachte sie zu Aaron.
32:4 Er nahm sie von ihnen entgegen, zeichnete mit einem Griffel
eine Skizze und goss danach ein Kalb. Da sagten sie: Das sind
deine Götter, Israel, die dich aus Ägypten heraufgeführt haben.
32:5 Als Aaron das sah, baute er vor dem Kalb einen Altar und rief
aus: Morgen ist ein Fest zur Ehre des Herrn.
32:6 Am folgenden Morgen standen sie zeitig auf, brachten Brandopfer dar und führten Tiere für das Heilsopfer herbei. Das Volk
setzte sich zum Essen und Trinken und stand auf, um sich zu vergnügen.
32:7 Da sprach der Herr zu Mose: Geh, steig hinunter, denn dein
Volk, das du aus Ägypten heraufgeführt hast, läuft ins Verderben.
32:8 Schnell sind sie von dem Weg abgewichen, den ich ihnen vorgeschrieben habe. Sie haben sich ein Kalb aus Metall gegossen und
werfen sich vor ihm zu Boden. Sie bringen ihm Schlachtopfer dar
und sagen: Das sind deine Götter, Israel, die dich aus Ägypten
heraufgeführt haben.

Internationale Automobil-Ausstellung IAA

- Stellen Sie eine Beziehung zwischen Foto und Exodus-Text her.
- Transformieren Sie den Exodus-Text in eine Geschichte aus Ihrem Erfahrungsbereich.
- Welche weitere „goldenen Kälber“ gibt es in unserer Gesellschaft?

TIPP

Befragen Sie Eltern und Großeltern nach ihren „Götzen“.

Gefahren-Strecke

Beispiel

- Erstellen Sie mithilfe einer Landkarten-Kopie eine eigene Fahrstrecken-Karte für die Bereiche Schule, Arbeit und Freizeit.
- Wo sind Gefahrenstellen? Zeigen Sie diese mit Symbolen.
- Wo stehen „Straßenkreuze", die auf tödliche Unfälle hinweisen?
- Recherchieren Sie zu den Kreuzen auf Ihrer Landkarte: Wer ist hier wann und wie gestorben?
- Präsentieren Sie Ihre Ergebnisse vor der Klasse.
- Diskutieren Sie, ob die Unfälle vermeidbar waren.
- Ergeben sich aus den Präsentationen Konsequenzen für Sie?
- Erarbeiten Sie in Kleingruppen Sicherheitsvorkehrungen im Straßenverkehr für: Fußgänger, Radfahrer, motorisierte Zweiradfahrer und Autofahrer.
- Deckt sich Ihre Vorstellung von Fahrspaß mit der von Markus? Definieren Sie Fahrspaß anders.

Ich will Spaß

Mein Maserati fährt 210,
schwupp, die Polizei hat's nicht geseh'n,
das macht Spaß!
Ich geb Gas, ich geb Gas!
Will nicht spar'n, will nicht vernünftig sein,
tank nur das gute Super rein,
ich mach Spaß!
Ich mach Spaß, ich geb Gas!
Ich will Spaß, ich will Spaß!
Ich geb Gas, ich geb Gas!
Ich schubs die Enten aus dem Verkehr,
ich jag die Opels vor mir her,
ich mach Spaß!
Ich mach Spaß, ich mach Spaß!
Und kost Benzin auch drei Mark zehn,
Scheißegal, es wird schon geh'n.
Ich will fahr'n!
Ich will fahr'n, ich will fahr'n!
Deutschland, Deutschland, spürst du mich?
Heut Nacht komm ich über dich,
das macht Spaß!
Das macht Spaß, das macht Spaß!
Der Tankwart ist mein bester Freund,
hui, wenn ich komm, wie der sich freut.
Er braucht Spaß!
Er hat Spaß, er hat Spaß!
Ich will Spaß, ich will Spaß!
Ich geb Gas, ich geb Gas!

Markus

Ein Kind töten

Es ist ein leichter Tag und die Sonne steht schräg über der Ebene. Bald läuten die Glocken, denn es ist Sonntag. Zwischen ein paar Roggenäckern haben zwei junge Menschen einen Pfad gefunden, den sie noch nie gegangen sind, und in den drei Dörfern der Ebene glänzen die Fensterscheiben. Männer rasieren sich vor ihren Spiegeln auf den Küchentischen, Frauen schneiden trällernd den Kuchen zum Kaffee und die Kinder sitzen am Boden und knöpfen sich ihr Leibchen zu. Es ist der glückliche Morgen eines schlimmen Tages, denn an diesem Tage wird im dritten Dorf ein Kind von einem glücklichen Manne getötet werden. Noch sitzt das Kind am Boden und knöpft sich sein Leibchen und der Mann, der sich rasiert, sagt, heute wollten sie eine Ruderfahrt auf dem Fluss machen und die Frau trällert und legt den frisch geschnittenen Kuchen auf eine blaue Schüssel.

Kein Schatten fährt über die Küche dahin und dennoch steht der Mann, der das Kind töten wird, an einer roten Tankpumpe im ersten Dorf. Es ist ein glücklicher Mann, der da in seine Kamera blickt und im Sucher sieht er ein kleines blaues Auto und neben dem Auto ein junges Mädchen, das lacht. Während das Mädchen lacht und der Mann das schöne Bild knipst, schraubt der Tankwart den Deckel des Benzintanks fest und sagt: „Sie werden einen schönen Tag haben." Das Mädchen setzt sich ins Auto, und der Mann, der das Kind töten wird, zieht seine Brieftasche hervor und sagt, sie wollten bis ans Meer fahren und am Meere wollten sie sich ein Boot leihen und weit, weit hinausrudern. Durch die hinuntergedrehten Fensterscheiben hört das Mädchen auf dem Vordersitz, was er sagt, sie schließt die Augen und mit geschlossenen Augen sieht sie das Meer und den Mann neben sich im Boot. Er ist kein schlechter Mann, er ist froh und glücklich, und bevor er ins Auto steigt, bleibt er einen Augenblick vor dem Kühler stehen, der in der Sonne blitzt, und hat seinen Genuss an dem Glanz und dem Duft von Benzin und von Faulbaum. Kein Schatten fällt über das Auto und die blanke Stoßstange hat keine Beulen und ist auch nicht rot von Blut.

Aber zur gleichen Zeit, als der Mann im Auto im ersten Dorf auf den Anlasserknopf drückt, öffnet die Frau in der Küche im dritten Dorf ihren Schrank und kann keinen Zucker finden. Das Kind, das sein Leibchen zugeknöpft und seine Schuhe zugeschnürt hat, kniet auf der Küchenbank und sieht den Fluss, der sich zwischen den Erlen schlängelt, und den schwarzen Kahn, der aufs Gras heraufgezogen worden ist. Der Mann, der sein Kind verlieren wird, ist fertig rasiert und klappt gerade den Spiegel zusammen. Auf dem Tisch sind die Kaffeetassen, der Kuchen, die Sahne und die Fliegen. Nur der Zucker fehlt und die Mutter sagt zu ihrem Kind, es solle zu Larssons laufen und ein paar Stückchen leihen. Und während das Kind die Tür öffnet, ruft der Mann hinter ihm her, es solle sich eilen, das Boot warte am Strand und sie wollten so weit fort rudern wie noch nie zuvor. Während das Kind durch den Garten läuft, denkt es die ganze Zeit an den Fluss und an die Fische, die darin plätschern, und niemand flüstert ihm zu, dass es nur noch acht Minuten zu leben hat und dass der Kahn den ganzen Tag an seinem Platze liegen bleiben wird und noch viele andere Tage.

Es ist nicht weit bis zu Larssons, nur schräg über die Landstraße, und während das Kind über die Straße läuft, fährt das kleine Auto in das zweite Dorf ein. Es ist ein kleines Dorf mit roten Häuschen und grade erst aufgewachten Menschen, die mit erhobenen Kaffeetassen in ihren Küchen sitzen und das Auto auf der andern Seite der Hecke vorbeirasen sehen in einer hohen Wolke von Staub. Es fährt sehr schnell und der Mann im Auto sieht die Pappeln und die frisch geteerten Telegrafenstangen wie graue Schatten vorbeihuschen. Sommer weht über die Windscheibe, sie rasen aus dem Dorf hinaus, sie gleiten fest und sicher mitten auf der Landstraße dahin und sie sind allein auf der Straße – noch allein. Es ist herrlich, ganz allein auf einer weichen, breiten Landstraße zu fahren und draußen auf der Ebene geht es noch feiner. Der Mann ist glücklich und stark und mit dem rechten Ellbogen spürt er den Körper des Weibes. Er ist kein schlechter Mann. Er eilt zum Meer. Er will keiner Wespe etwas zu Leide tun und doch wird er gleich ein Kind töten. Während sie auf das dritte Dorf zurasen, schließt das Mädchen wieder die Augen und sagt sich zum Spaß, dass sie sie nicht eher wieder öffnen will, bis sie das Meer sehen kann. Und im Takt mit den weichen Schwenkungen des Autos träumt sie von dem blanken Meeresspiegel.

Denn so unbarmherzig ist das Leben konstruiert: Eine Minute, bevor ein glücklicher Mann ein Kind tötet, ist er noch glücklich und eine Minute, bevor eine Frau vor Entsetzen aufschreit, kann sie noch mit geschlossenen Augen vom Meer träumen, und während der letzten Minute im Leben eines Kindes können die Eltern dieses

Kindes in einer Küche sitzen und auf den Zucker warten und von den weißen Zähnen ihres Kindes sprechen und von einer Bootsfahrt und das Kind selbst kann eine Pforte schließen und sich anschicken, mit ein paar Stückchen Zucker in einem weißen Papier in seiner rechten Hand eine Landstraße zu überqueren, und es kann diese ganze letzte Minute lang nichts anderes vor Augen sehen als einen langen, blanken Fluss mit großen Fischen darin und einen breiten Kahn mit stillen Rudern.
Nachher ist alles zu spät. Nachher steht ein blaues Auto quer auf der Landstraße und eine schreiende Frau nimmt die Hand von ihrem Mund und die Hand blutet. Nachher öffnet ein Mann eine Autotür und versucht auf seinen Beinen zu stehen, obwohl er ein Loch des Entsetzens in sich trägt. Nachher liegen ein paar weiße Zuckerstücke sinnlos zwischen Blut und Kies und ein Kind liegt bewegungslos auf dem Bauch, das Gesicht dicht an die Landstraße gepresst. Nachher kommen zwei blasse Menschen, die ihren Kaffee noch nicht getrunken haben, durch eine Pforte gelaufen und sehen ein Bild auf der Landstraße, das sie nie wieder vergessen werden. Denn es ist nicht wahr, dass die Zeit alle Wunden heilt. Die Zeit heilt nicht die Wunden eines getöteten Kindes und sie heilt sehr schlecht den Schmerz einer Mutter, die vergessen hat, Zucker zu kaufen und ihr Kind über die Straße schickt, um welchen zu leihen, und ebenso schlecht heilt sie die Gewissensangst eines ehedem glücklichen Menschen, der es getötet hat.
Denn wer ein Kind getötet hat, fährt nicht ans Meer. Wer ein Kind getötet hat, fährt langsam und stillschweigend heim und neben ihm sitzt eine stumme Frau mit verbundener Hand und in all den Dörfern, durch die sie fahren, ist nicht ein einziger froher Mensch zu sehen. Alle Schatten sind sehr dunkel, und wenn sie sich trennen, geschieht es immer noch stillschweigend und der Mann, der das Kind getötet hat, weiß, dass dies Stillschweigen sein Feind ist und dass er Jahre seines Lebens braucht, um es zu besiegen, um es mit dem ständig wiederholten Schrei zu besiegen, es sei nicht seine Schuld gewesen. Aber er weiß, dass das Lüge ist und in den Träumen seiner Nächte wird er sich stattdessen wünschen, eine einzige Minute seines Lebens zurückzubekommen, um diese einzige Minute anders zu gestalten.
Aber so unbarmherzig ist das Leben denen gegenüber, die ein Kind getötet haben, dass nachher alles zu spät ist.

Stig Dagermann

- Beschreiben Sie den Unfall aus verschiedenen Perspektiven:
  - Fahrer
  - Beifahrerin
  - Mutter
  - Kind
- Nach dem Unfall wird der Fahrer nachts immer wieder von Träumen geplagt: Schildern Sie einen Traum.
- Stellen Sie die Schuldverteilung in einem Gerichtsspiel fest.

Mein Unfall

Beifahrer getötet

SULZBURG – Ein betrunkener Autofahrer hat in der Nacht zum Montag einen tödlichen Verkehrsunfall im Kreis Breisgau-Hochschwarzwald verursacht. Der 21-Jährige sei bei Sulzburg wegen zu hoher Geschwindigkeit mit seinem Wagen von der Fahrbahn abgekommen, teilte die Polizei mit. Das Auto überschlug sich und landete auf dem Dach. Der nicht angeschnallte Beifahrer erlitt so schwere Verletzungen, dass er noch am Unfallort starb. Der Fahrer blieb unverletzt.

Das ging alles so schnell!

Ich kann mich an nichts mehr erinnern.

Schüler-Beispiel

Der Tod ist groß
wir sind die Seinen,
lachenden Munds.
Wenn wir uns mitten im Leben meinen
wagt er zu weinen
mitten in uns.

Rainer Maria Rilke

Das ist wie in Zeitlupe abgelaufen.

Ich habe noch alles vor Augen.

Darüber will ich nicht reden!

Ich muss es jedem erzählen!

- Erstellen Sie in Gruppenarbeit ein Protokoll eines Schüler-Unfalls. Schildern Sie vor allem die letzten Sekunden in allen Details.
- Trennen Sie in „äußere Welt“ – was ist wahrnehmbar passiert? und „innere Welt“ – wie habe ich den Unfall subjektiv erlebt, was habe ich gedacht?
- Wie hätte man den Unfall vermeiden können?
- Was hat sich für mich nach diesem Unfall verändert?
- Gibt es bleibende Schäden, am Körper, an der Seele?
- Gestalten Sie den Unfall in einem Objekt, präsentieren Sie ihr Gesamtwerk (Protokoll und Objekt) Ihren Mitschülern.
- Welche Bedeutung hat für Sie das Gedicht von Rilke?
- Haben Sie schon eine Situation erlebt, zu der dieses Gedicht passt?

TIPP

Laden Sie Polizisten in den Unterricht ein, die Sie mit typischen Unfällen junger Menschen konfrontieren und Ihnen Tipps fürs Überleben auf den Straßen geben.

Sie sind tot

Tödliches Protokoll – Letzte Sekunde eines Gurtmuffels

MÜNCHEN (ddp) – Unfallforscher und Unfallchirurgen haben bis ins Detail die letzte Sekunde eines nicht angeschnallten Verkehrstoten rekonstruiert. Die Münchner Polizei veröffentlichte gestern dieses tödliche Protokoll und verband es mit dem Appell: „Der Sicherheitsgurt – Lebensretter Nummer eins".

1,0 Sekunden: Die Bremsen blockieren. Sie sind starr vor Schreck. Es gibt kein Ausweichen mehr.

0,9 Sekunden: Mit weißen Knöcheln umklammern Sie das Lenkrad Ihres Autos.

0,8 Sekunden: Die vordere Stoßstange und der Kühlergrill bersten mit ohrenbetäubendem Knall.

0,7 Sekunden: Der Motorblock schiebt sich Ihnen entgegen.

0,6 Sekunden: Mit 80 km/h rast Ihr Körper nach vorn: Sie wiegen jetzt mehr als drei Tonnen und werden mit 20-facher Schwerkraft aus dem Sitz gehoben. Ihre Beine brechen an den Kniegelenken.

0,5 Sekunden: Ihr Körper löst sich aus dem Sitz, der Rumpf ist starr aufgerichtet, die gebrochenen Kniegelenke werden gegen das Armaturenbrett gepresst. Unter dem Druck Ihrer Hände beginnt sich das Lenkrad zu verbiegen.

0,4 Sekunden: 60 Zentimeter der vorderen Karosserie sind bereits total deformiert. Ihr Körper rast weiter mit 80 km/h. Der Motor stößt jetzt in das Hindernis.

0,3 Sekunden: Ihre Hände, in Todesangst starr verkrallt, verbiegen das Lenkrad fast bis zur Schalttafel, die Gelenke und Unterarme brechen. Durch die andauernde Schwerkraft bohrt sich die Lenksäule in Ihren Brustkorb. Stahlsplitter dringen in Ihren Brustkorb, reißen Löcher in die Lunge und zerfetzen die inneren Arterien. Blut dringt in Ihre Lungenflügel.

0,2 Sekunden: Ihre Füße werden aus den Schuhen gerissen, das Bremspedal bricht ab, die Fahrgastzelle knickt in der Mitte ein. Bolzen lösen sich, Glassplitter sausen wie Geschosse durch die Luft. Ihr Kopf kracht gegen die Windschutzscheibe. Sie haben nicht einmal mehr die Zeit zu schreien.

0,1 Sekunden: Das Auto krümmt sich, die Sitze haben sich aus der Verankerung gelöst. Blut schießt aus Ihrem Mund. Durch den Schock bleibt Ihr Herz stehen.

0,0 Sekunden:

Sie sind tot!

Aaron
Der Name des Bruders und Gefährten des Mose sowie des Ahnherrn der Priesterschaft Israels. Aaron ist Moses Parteigänger in Ägypten, in der Wüste, er ist beauftragter Sprecher, Wundertäter und ➛Hoher Priester. Als Stätte seines Todes nennt das Alte Testament den Berg Hor. Aaron war es demnach, ebenso wenig wie Mose, nicht vergönnt, das verheißene Land zu betreten.

Abel
Der Name bedeutet „Haus, Nichtigkeit". Der zweite Sohn Adams und Evas. Er bringt als Viehzüchter Gott ein Opfer von seinen Erstgeburten dar, das angenommen wird. Dagegen wird das Opfer seines Bruders ➛Kain nicht angenommen, woraufhin Abel von Kain umgebracht wird (vgl. Gen 4,1-16).

Abendmahl
Im Neuen Testament als „Herrenmahl" oder als „Brechen des Brotes", zumeist aber einfach als „Mahl" bezeichnet. Ist spätestens seit 50 n. Chr. eine liturgische Feier, die auf das abendliche letzte Mahl Jesu mit den Zwölfen (➛Jünger) zurückgeführt wird. Die „Einsetzungsworte" (z. B. Mt 26,26-28) überliefern die von Jesus vorgenommene Deutung der Elemente Brot und Wein. Ebenso wie die Mahlzeiten Jesu mit den Ausgestoßenen und Rechtlosen ist auch das „Letzte Abendmahl" ein bewusstes Zeichen Jesu für die endgültige Überwindung von Unrecht, Leid und Tod.

Apostel
Der Begriff wird noch nicht von Jesus gebraucht; bei ihm heißen seine Nachfolger „Jüngerinnen und ➛Jünger" oder einfach die „Zwölf". Der Begriff „Apostel" setzt sich durch als Bezeichnung der „Ausgesandten" (so die Übersetzung des Wortes) des Auferstandenen. Die Apostel üben in der frühen Kirche als Verkünder des Evangeliums eine zentrale Funktion aus.

Böll, Heinrich (1917-1985)
Deutscher Schriftsteller, der durch sein Werk und sein politisches Engagement auf die deutsche Literatur der Nachkriegszeit große Auswirkung hatte.
Böll wurde in Köln geboren und machte nach dem Abitur eine Buchhandelslehre. 1939 wurde er zur Wehrmacht eingezogen, deshalb musste er sein Studium der Germanistik unterbrechen. Nachdem er 1947 aus amerikanischer Kriegsgefangenschaft entlassen wurde, begann er seine Schriftstellerkarriere mit Kurzgeschichten, die vor allem die Grausamkeiten des Krieges schilderten und die Frage nach der Schuld Deutschlands stellten. Das *Irische Tagebuch* und *Ansichten eines Clowns* sind seine erfolgreichsten Bücher.

Busch, Wilhelm (1832-1908)
war Dichter und Zeichner. Bekannt wurde Busch durch seine knappen Verse, die er comicartig mit Zeichnungen versah. Vor allem das Spießbürgertum in seiner Verlogenheit und Selbstzufriedenheit war Zielscheibe seiner humorvollen Verse und Bilder. Eines seiner bekanntesten Werke ist *Max und Moritz*.

Capa, Robert (1913-1954)
Geburtsname Endre Friedmann, geboren in Budapest. Capa war ein französischer Fotograf ungarisch-jüdischer Herkunft, er emigrierte 1933 nach Paris. Als selbstständiger Fotograf hielt Capa den spanischen Bürgerkrieg im Bild fest und fotografierte im Zweiten Weltkrieg für *Time*, *Life* und *Collier's*. Seine Bilder konzentrieren sich auf die menschliche Tragik im Krieg. Weltberühmt wurde sein Foto, das während des Spanischen Bürgerkrieges entstand und einen republikanischen Freiwilligen im Augenblick des Todes zeigt. 1954 wurde er in Indochina von einer Landmine getötet.

Heinrich Böll

Dix, Otto (1891-1969)
war deutscher Maler des Expressionismus und der Neuen Sachlichkeit. Otto Dix' Werk ist von stilistischer Vielfalt geprägt, obwohl hauptsächlich seine Kriegs- und Großstadtbilder einem breiten Publikum bekannt sind. Er galt als exzellenter Zeichner und hinterließ mehr als sechstausend Zeichnungen und Skizzen. Außerdem entstanden Gemälde und Aquarelle, die stark an Werke aus der Renaissance erinnern, sowie diverse Portraits. Dix wird zu den bedeutendsten deutschen Künstlern des 20. Jahrhunderts gezählt.

Engel
Das lateinische Wort „angelus" ist eine Übersetzung des hebräischen Wortes für „Bote". Die Ursprünge der alttestamentlichen Engelvorstellungen liegen im Dunkeln. Es finden sich aber im Alten Testament Texte, die eine ausgeprägte Vorstellung von Engeln voraussetzen (z. B. im ➛Ijob-Buch). Im Neuen Testament wird der Glaube an das Existieren und die Wirksamkeit von Engeln überall vorausgesetzt. Die Engel erscheinen gewöhnlich unsichtbar, gelegentlich in Menschengestalt, aber ohne Flügel. Die werden ihnen erst in der späteren bildlichen Darstellung verliehen. Gott ist ihr Schöpfer und Herr, sie sind seine Diener. Sie sind aber auch Diener Christi und können ihm zu Hilfe eilen (vgl. Mt 26,53).

Evangelium/Evangelien
Seit frühester Zeit existieren eine Vielzahl von so genannten Evangelien, von denen im Neuen Testament vier als „anerkannt" überliefert sind: ➛Matthäus, ➛Markus, ➛Lukas, ➛Johannes. Alle anderen werden als „apokryphe Evangelien" bezeichnet.

Max Frisch

Von den vieren weisen die ersten drei deutliche Übereinstimmungen auf und werden daher als „synoptische" (zusammenschauende) Evangelien bezeichnet. Inhaltlich schildern alle Evangelien die Botschaft, dass Gott selbst in Jesu Leben, Tod und Auferstehung am Werk war. Jesus selbst hat keine Schriften hinterlassen, doch waren seine Worte und Werke so eindrücklich, dass wohl schon sehr früh Sammlungen von Jesusüberlieferungen entstanden. Vorläufiges Endprodukt solcher Sammlungen war die Abfassung des ersten Evangeliums durch Markus, der die Jesusüberlieferung schriftlich fixieren wollte, nachdem einige Apostel bereits tot waren und Jerusalem – als Zentrum der Zeugen Jesu – durch Krieg bedroht war.

Exodus
Der Name bedeutet „Auszug (aus Ägypten)". Bezeichnung des zweiten Buches des Pentateuch, d. h. der Fünf Bücher Mose im Alten Testament. Berichtet vor allem von der Befreiung aus dem Herrschaftsbereich des Pharao. Diese Rettung Israels geschieht durch die Tat Jahwes. Durch diese Rettung bindet sich das Volk Israel ausschließlich an ihn als seinen Gott.

Frisch, Max (1911-1991)
war ein Schweizer Architekt und Schriftsteller. Als Dramatiker und Erzähler ist er überzeugter Pazifist. Neben Friedrich Dürrenmatt ist er der bedeutendste Schweizer Schriftsteller des 20. Jh. Es ist auch sein Verdienst, dass die deutschsprachige Literatur nach dem Zweiten Weltkrieg wieder zu internationalem Ansehen gelangte. Viele seiner Werke sind Bestandteil der Schullehrpläne, z. B.: *Stiller, Homo faber, Biedermann und die Brandstifter* und *Andorra*.

Genesis
Der Name bedeutet „Ursprung". Bezeichnung des ersten Buches des Pentateuch, d. h. der Fünf Bücher Mose im Alten Testament. Das Buch gliedert sich in zwei Hauptteile: die „Urgeschichte" (Schöpfungserzählung) und die „Erzeltern-Erzählungen" (Abrahamszyklus, Jakobuszyklus, Josefserzählung).

Golgata
Golgata heißt übersetzt Schädelhöhe. So heißt der Ort der Kreuzigung Jesu. Dieser Platz der Hinrichtung und des Begräbnisses lag damals außerhalb der Stadtmauer von Jerusalem.

Himmel
Der Himmel ist im dreiteiligen Weltbild des Alten Orients der von der Erde und dem Chaos-Meer verschiedene Raum (vgl. Ex 20,4). Das Firmament kann gleichbedeutend für Himmel stehen und meint die große, stabile Himmelsglocke, die über sich den Himmelsozean trug und sich mit ihrem Rund über dem Erdkreis wölbte.
Im Alten Testament dient der Himmel als Wohnung Gottes. Dadurch, dass Gott im Himmel wohnt, ist es auch nicht so tragisch, dass das Jerusalemer Heiligtum zerstört wurde; denn wenn Gott im Himmel wohnt, ist ein irdisches Heiligtum unnötig. Im Alten Testament taucht nur selten der Gedanke auf, der Mensch könne zu Gott in den Himmel kommen.
Im Neuen Testament findet sich die Bezeichnung „der/die Himmel" 274-mal. Christus ist nach seiner Auferweckung der Herr über alle Bereiche der Schöpfung. Durch ihn haben alle Menschen unmittelbar Zugang zu Gott, sie haben „Bürgerrecht" im Himmel (Phil 3,20).

Hiob
➛ Ijob

Hirntod
Wenn die Gehirnaktivität unwiderruflich zum Stillstand gekommen ist, spricht man vom Hirntod. Das Todeszeichen ist das Fehlen von Aktivität in den höheren Gehirnzentren, insbesondere in der Großhirnrinde.
Der Hirntod als Definition des Lebensendes ist aber umstritten; denn ein Mensch kann die höheren Gehirnfunktionen völlig verlieren, während die niederen Funktionen, wie die Atmung, noch vorhanden sind. Manche Fachleute sind deshalb heute der Ansicht, man solle erst dann vom Lebensende sprechen, wenn jegliche Bewegung zum Stillstand gekommen ist.

Hölle
Was wir heute unter Hölle verstehen, den ewigen Strafort der Bösen nach dem Endgericht, wird im Neuen Testament meist als „Gehenna" bezeichnet (vgl. Mt 5,22).
Zunächst stellten sich die Christen das Weltgebäude so vor, wie es der antiken und biblischen Volksauffassung entsprach: Der ➛Himmel ist oben und die Hölle tief unten, im Innern der Erde verborgen. Die Annahme eines ewigen Höllenschicksals der Menschen, also die Vorstellung einer ewigen Verdammnis, gehört nicht zum Glaubensbekenntnis der Christen. Gegen eine ewige Verdammnis spricht vor allem der Glaube an die letztlich sich durchsetzende Barmherzigkeit Gottes. In der modernen Theologie steht das Bild der Hölle vor allem für die Erfahrung und den Schmerz, von Gott getrennt zu sein bzw. sich im Leben von Gott getrennt zu haben. Die biblischen Höllenbilder verweisen damit in erster Linie auf den Ernst, den eine Entscheidung für das christliche Leben besitzt.

Hoher Priester
In römischer Zeit wurden die Hohen Priester von den Herrschern nach Belieben eingesetzt. Sie waren kultische Führungspersönlichkeiten und repräsentierten das jüdische Volk gegenüber den Römern. Das Amt des Hohen Priesters war Vorrecht weniger Familien.

Hospiz
Das Wort Hospiz bedeutet ursprünglich „Herberge". In England gründete die Sozialarbeiterin und Ärztin Cicely Saunders 1967 das erste Hospiz neuerer Art, ein Haus zum würdevollen Sterben. In Hospizen werden Todkranke in angenehmer Atmosphäre bis zum Lebensende betreut durch sachkundige Schmerztherapie und kompetente Sterbebegleitung. Grundprinzipien der Hospizarbeit sind:
- Der Hospizpatient bestimmt, soweit möglich, selbst seine Behandlung und Betreuung.
- Selbstbestimmung des Patienten und sein Schutz vor Willkür und Kostendruck stehen oftmals in einem Spannungsfeld. Die Hospizidee will sie in Einklang bringen.
- Der ganzheitliche Ansatz umfasst körperliche, psychische, soziale und seelsorgliche Bedürfnisse der Sterbenden und auch der Angehörigen und Trauernden.
- Die verschiedenen Professionen arbeiten ebenso wie haupt- und ehrenamtliche Helfer zum Wohl der Sterbenden Hand in Hand.
- Im Zentrum der Therapie steht weitestgehende Schmerzfreiheit, d. h. moderne Palliativmedizin mit Symptomkontrolle.
- Die Begleitung ist unabhängig von der sozialen oder materiellen Situation, dem religiösen Bekenntnis und der Herkunft der Sterbenden.

Ijob
Der Name bedeutet wohl: „Wo ist mein Vater?" Seine Heimat ist nicht Israel, sondern das Land „Zu", wohl eine Gegend in Arabien. Im Ijob-Buch im Alten Testament können wir die fiktive Gestalt Ijobs durch mehrere Abschnitte seines Lebens verfolgen, die ihn von anfänglichem Reichtum und Glück durch tiefstes Unglück wieder zu Wohlergehen führen.
Unabhängig vom biblischen Ijob existierte wohl eine weit bekannte Legende von einem Mann, der sich auch im Unglück nicht von Gott abwendet.

Jakob
Name bedeutet wohl: „Gott beschütze/beschützte". Jakob kommt im Alten Testament in zwei großen Erzählabschnitten vor: Gen 25,19 – 35,29 und Gen 37,2 – 49,33.

Jesus Christus
Für die historische Existenz Jesu besitzen wir nur wenige Zeugnisse außerhalb des Neuen Testaments. Erwähnungen finden wir bei den römischen Geschichtsschreibern Sueton und Flavius Josephus. Die meiste Zeit seines Lebens, drei Jahrzehnte, verbrachte Jesus in Nazaret, einem unbedeutenden galiläischen Ort, der immerhin eine Synagoge besaß. Jesus übte in Nazaret das Handwerk eines Zimmermanns bzw. Steinmetzes aus. Im Zuge der Überlieferung wird die Berufsbezeichnung Jesu aber entfernt. Das Auftreten Johannes des Täufers veranlasste Jesus, seinen Heimatort zu verlassen

und an den Jordan zu gehen, um die Johannestaufe zu empfangen.
Im Mittelpunkt der Verkündigung Jesu stand die Herrschaft oder das Reich Gottes. Die Gottesherrschaft meint das den Menschen angebotene endgültige Heil, das sie rettet und ihrem Leben Sinn verleiht. Die in den Gleichnissen Jesu veranschaulichte grenzenlose Güte Gottes wurde in seinem Wirken erfahrbar. Auch Jesu Tätigkeit als Wunderheiler und Arzt stehen im Zusammenhang mit seiner Verkündigung der Gottesherrschaft. Wo Gott wirkt, da haben Krankheit und Not keinen Platz mehr. In Jesu befreiendem Handeln ist Gott selbst am Werk. Die Gottesherrschaft beginnt sich durchzusetzen.
Das Leitwort für das ➛Jüngersein heißt nachfolgen. In Jesu Nachfolge befanden sich auch Frauen. In Lk 8,2 f ist eine Jüngerinnenliste überliefert. Aus den Namen ragt ➛Maria von Magdala heraus. Mit der Aufnahme von Jüngerinnen durchbricht Jesus damalige jüdische Gepflogenheiten, nach denen Frauen nicht zum Torastudium zugelassen waren. In der letzten Nacht feierte Jesus mit seinen Jüngern ein festliches ➛Abendmahl.
Das letzte Mahl war von der Todesgewissheit Jesu überschattet. Die Verhaftung Jesu erfolgte in der Nacht auf dem ➛Ölberg. Sie war vom ➛Hohen Priester veranlasst worden. Weil Jesus den Tempelkult kritisiert hatte, war ein gemeinsames Vorgehen der jüdischen und römischen Seite möglich. Auch die Römer schützten nämlich den Tempel und ahndeten Vergehen gegen ihn. Das Urteil des römischen Statthalters ➛Pontius Pilatus basierte auf einem politischen Vorwurf. Jesus wurde unmittelbar nach der Verurteilung hingerichtet. Der Ort der Hinrichtung war ➛Golgota, d. h. Schädelstätte, im Nordosten Jerusalems gelegen. Jesus starb mit zwei Verbrechern den Kreuzestod, den Cicero „die grausamste und fürchterlichste Todesstrafe" nennt. Jesus dürfte in der Mitte seines vierten Lebensjahrzehnts gestorben sein. Nach seinem Tod wurde er ins Grab gelegt. Alle vier ➛Evangelisten bezeugen, dass das Grab am dritten Tag leer war. Jesu Erscheinungen vor seinen Jüngerinnen und Jüngern war der Beginn einer umfassenden Missionstätigkeit.

Jesus Sirach

Der Titel des Buches im Alten Testament dürfte wohl „Worte Simons, des Sohnes Jesu, der Ben Sira genannt wird" gelautet haben. Der Verfasser des Buches ist wohl ein Jerusalemer Bürger. Datiert werden kann es auf etwa 170 v. Chr. Wesentliche Themen des Buches sind: Vorsicht vor gefährlichen Menschentypen, vor Machthabern und Reichen, beim Umgang mit Frauen, Warnungen vor Bürgschaft, vor Träumen. Auch Themen wie Freundschaft, Zuhause, Erziehungsprobleme und Ehe finden sich. Wichtig sind im Buch die Überlegungen zu erkennbaren Gegensätzen und Widersprüchen in der Schöpfung Gottes.

Johannesevangelium

Das Johannesevangelium beruft sich auf die Autorität eines ungenannten „Jüngers, den Jesus liebte" (Joh 19,26; 21,7 und 21,20). Dieser wurde in der Tradition mit dem ➛Apostel Johannes gleichgesetzt. Im Zentrum des ➛Evangeliums steht der Gedanke, dass allein der Glaube an die Göttlichkeit Jesu Christi das wahre und das ewige Leben bringt. Der Einzelne muss sich für oder gegen Jesus entscheiden: Diese Entscheidung wird beschrieben als Wahl zwischen Licht und Finsternis, zwischen oben und unten, zwischen Geist und Fleisch.

Josef

1. Der Sohn einer anderen Maria, die bei der Kreuzigung anwesend war, und der Bruder eines Jakobus.
2. Josef von Arimathäa, ein Mitglied des Hohen Rats. Er war ein vornehmer Mann, der das Reich Gottes suchte, ein ➛Jünger im Geheimen, der sich an der Verurteilung ➛Jesu nicht beteiligt hatte. Zusammen mit ➛Nikodemus sorgte Josef für das Begräbnis Jesu und stellte sein eigenes Grab dafür zur Verfügung.

Jünger

Der Begriff Jünger kommt im Neuen Testament nur in den ➛Evangelien und in der Apostelgeschichte vor. Er bezeichnet im Allgemeinen einen, der in einem Schülerverhältnis zu einem Lehrer steht. In diesem Sinn hatten die jüdischen Schriftgelehrten ihre Schüler. Im Hinblick auf die Jünger Jesu muss man den engeren Kreis der „Zwölf" von einem weiteren Jüngerkreis unterscheiden, zu dem nach den Evangelien und der Apostelgeschichte alle an Jesus Glaubenden gehören. Die Jünger werden bevollmächtigt zur Teilnahme an Jesu Sendung. Sie teilen die Heimat-, Familien-, Besitz- und Schutzlosigkeit des Menschensohnes. Auch Frauen werden unter denen, die Jesus nachfolgten, erwähnt (➛Maria von Magdala).

Kain

Der Name bedeutet vermutlich „Schmied". In der Geschichte um Kain und ➛Abel in Genesis 4 im Alten Testament geht es um einen Grundkonflikt zwischen Menschen mit unterschiedlicher Lebensweise, Ackerbauern und Hirten, und um die Erfahrung von Gewalt als Folge von Frustration. Weder bringt Kain ein schlechteres Opfer dar noch bringt er sein Opfer schlechter dar als Abel. Dennoch nimmt Gott nur Abels Opfer an. Das Thema von Kain und Abel ist daher nicht die moralische Unterscheidung zwischen gut und böse, gläubig und ungläubig, sondern die Erfahrung, dass Arbeit erfolglos sein und das Gefühl des Misserfolgs in Gewalt umschlagen kann. Wichtig ist, dass auch der Mörder Kain und sein Leben unter Gottes Schutz bleiben.

Tintoretto, Kain und Abel

Kinderarbeit
Gesetzliche Bestimmungen: In der Bundesrepublik Deutschland ist der Arbeitsschutz für Kinder und Jugendliche durch das Gesetz zum Schutze der arbeitenden Jugend von 1976 (Änderungen 1984 und 1986) geregelt. Generell ist die Beschäftigung von Kindern unter 14 Jahren verboten. Ausnahmen können lediglich unter Auflagen von der Aufsichtsbehörde zugelassen werden. So ist es erlaubt, Kinder zwischen drei und sechs Jahren bei Musikaufführungen, Werbeveranstaltungen, Aufnahmen für Film und Rundfunk und Ähnlichem in der Zeit von 8 bis 17 Uhr für höchstens zwei Stunden pro Tag zu beschäftigen. Sind Kinder älter als sechs Jahre, können sie zusätzlich zu den bereits genannten Veranstaltungen und Gelegenheiten drei Stunden in der Zeit von 8 bis 22 Uhr, bei Theateraufführungen in der Zeit von 10 bis 23 Uhr bis zu vier Stunden beschäftigt werden. Kinder über 13 Jahren dürfen an Werktagen unter Beaufsichtigung bis zu drei Stunden in der Landwirtschaft und ohne Beaufsichtigung bei leichteren Tätigkeiten, wie z. B. dem Austragen von Zeitungen, bis zu zwei Stunden tätig sein, nicht jedoch zwischen 18 und 8 Uhr und während der Unterrichtszeiten. Für Jugendliche über 15 Jahren besteht während der Schulferien kein Beschäftigungsverbot, wenn die Dauer der Beschäftigung höchstens vier Wochen beträgt.

Korintherbriefe
Die beiden Korintherbriefe im Neuen Testament machen vom Umfang her fast die Hälfte der Schriften des ➛Paulus aus. Die Briefe stammen tatsächlich von Paulus, der sie an die Gemeinde schrieb, die er zwischen 49 und 52 n. Chr. gegründet hatte. In der Gemeinde gab es einige Probleme, die Paulus in seinen Briefen behandelt. Paulus berichtet von Gruppen oder Parteien in der Gemeinde, die u. a. auch ihn selbst und seine Autorität in Frage stellen.

Körperwelten
Ist eine öffentliche Ausstellung, die plastinierte Menschenkörper zeigt. Durch ein spezielles Verfahren kann der menschliche Körper in allen Details konserviert werden.

Kübler-Ross, Elisabeth (1926-2004) wurde in der Nähe von Zürich als eine von Drillingsschwestern geboren. Sie studierte nach dem Krieg Medizin. Nach ihrer Heirat ging sie in die USA und begann ihre Ausbildung für Psychiatrie. 1965 übernahm sie eine Professur an der Universität Chicago. 1969 erschien ihr erstes Buch *Interviews mit Sterbenden*, in dem sie die Gefühle und Gedanken Sterbender niederschrieb und die Phasen des Sterbens darstellte.

Hans Küng

Küng, Hans
wurde am 19. März 1928 in Sursee in der Schweiz geboren. Er ist katholischer Theologe und studierte in Rom. Im Jahr 1954 wurde er zum Priester geweiht. Seine Schriften beschäftigen sich vor allem mit Fragen der Ökumene, wie die getrennten Kirchen wieder zueinander finden können, und setzen sich mit kirchlichen Strukturen auseinander. Dies führte zu Auseinandersetzungen mit der Kirche. 1979 wurde ihm deshalb die kirchliche Lehrerlaubnis (*Missio canonica*) entzogen. 1980 wurde Küng Professor für Ökumenische Theologie an der Universität Tübingen. 1992 emeritierte Küng, das heißt, er ging in den „Ruhestand" und widmet sich seither besonders der *Stiftung Weltethos*. Der Stiftung geht es um die Verständigung unterschiedlichster Kulturen und Religionen auf das ihnen Gemeinsame als Bedingung für eine friedliche Welt.

Lazarus
Lazarus von Betanien war ein Freund Jesu und der Bruder von Maria und Marta, die ➛Jesus mehrmals besuchte. In Joh 11,1-45 wird davon berichtet, wie Jesus Lazarus vom Tod auferweckt.

Lehmann, Karl (*1936)
Karl Lehmann studierte nach seiner Schulzeit in Sigmaringen 1956-1964 Philosophie und Theologie in Freiburg und Rom. 1963 wurde er in Rom zum Priester geweiht. 1962 und 1967 erwarb sich Karl Lehmann die Doktortitel in Philosophie und Theologie mit Arbeiten über den Philosophen Martin Heidegger und über das Thema „Auferweckt am dritten Tage nach der Schrift". Als Assistent von Karl Rahner arbeitete er 1964–1967 an den Universitäten von München und Münster, erlebte auch das Zweite Vatikanische Konzil in Rom aus nächster Nähe mit. Mit 32 Jahren (1968) schon wurde er auf den Lehrstuhl für katholische Dogmatik und Theologische Propädeutik in Mainz berufen; drei Jahre später übernahm er in Freiburg/Breisgau die Professur für Dogmatik und Ökumenische Theologie.
1983 wurde Prof. Dr. Dr. Karl Lehmann zum Bischof von Mainz gewählt und ernannt. 1987 wurde er zum Vorsitzenden der Deutschen Bischofskonferenz gewählt, 1993 und 1999 in diesem Amt für jeweils weitere sechs Jahre durch Wahl bestätigt. 2001 hat Papst Johannes Paul II. Bischof Lehmann zum Kardinal ernannt.

Karl Kardinal Lehmann

Lukasevangelium
Das Evangelium bildet eine Einheit mit der biblischen „Apostelgeschichte": Beide Schriften sind einem gewissen Theophilus gewidmet (Lk 1,3; Apg 1,1). Einzigartig im Lukasevangelium ist, dass der Verfasser in einem Vorwort darüber Auskunft gibt, was seine Schreib-Absichten sind: Er will ein neues Werk schaffen, damit der Adressat Theophilus sich „von der Zuverlässigkeit der Worte" überzeugen kann, die er gehört hat. Lukas wollte also das Christuszeugnis vollständig und in gewissem Sinne auch endgültig niederschreiben.
Der Schreiber des ➛Evangeliums war wohl kein Jude, sondern ein ehemaliger Heide, der sich taufen ließ. Er war wohl gebildet und schrieb nach dem Jahre 70 n. Chr., da er die Zerstörung des Jerusalemer Tempels (um 70 n. Chr.) erlebt hat.

Maria von Magdala
Maria von Magdala, erwähnt in allen vier ➛Evangelien, meist im Zusammenhang einer Frauenliste und dort an erster Stelle, war eine ➛Jüngerin Jesu. Sie ist als allein lebende Frau identifiziert durch ihren Herkunftsort Magdala. Nach allen vier ➛Evangelien geht Maria von Magdala zum Grab Jesu und findet den Stein vor dem Grab weggewälzt. Vermutlich hatte sie eine Ostererscheinung, verbunden mit einem Verkündigungsauftrag des Auferstandenen. Ihre herausragende Nennung verweist auf ihre Autorität in der urchristlichen Gemeinde (➛ Urgemeinde).

Maria von Magdala predigt den Jüngern

Markusevangelium

Das Markusevangelium ist das älteste der vier ➛Evangelien und bildet die Grundlage der anderen. Bereits im 2. Jahrhundert n. Chr. wird es dem „Markus, dem Dolmetscher des Petrus" zugeschrieben. In einer Zeit, in der ➛Jesus von Nazaret für die meisten Christen bereits eine Gestalt der Vergangenheit war, ging es Markus darum, die Person Jesu Christi in seiner Schrift so zu vergegenwärtigen, dass es auch für die, die Jesus nicht mehr kannten, möglich war seiner Botschaft zu folgen. Er schildert Jesu Weg als einen Weg der Lebenshingabe. Jesus verliert sein Leben – aber erst dadurch gewinnt er es endgültig: Die Auferweckung erst macht die Botschaft Jesu glaubwürdig, dass Gott stets das Leben schenken und bewahren will.

Matthäusevangelium

Das ➛Evangelium stammt von einem anonymen Verfasser, der mit dem Apostel und Zöllner aus Mt 10,3 identifiziert wurde. Der Verfasser war wohl ein griechisch-jüdischer Theologe, der sprachlich sehr begabt war. Er schrieb wohl um das Ende des 1. Jh. n. Chr.
Der Glaube an Jesus Christus als den Sohn Gottes ist die Zielaussage des christlichen Glaubens nach Matthäus. Gott erlöst in Jesus: Das ist die Mitte der Botschaft nach Matthäus.

Messias

Der Name bedeutet im Hebräischen „Gesalbter". Die ältesten Belege für Messias beziehen sich auf den herrschenden König Judas bzw. Israels. Dieser wurde in einem rituellen Akt zum König gesalbt, und zwar von einem Priester. In der Spätzeit des Alten Testaments erwartete das jüdische Volk einen König aus der Familie Davids, der sein Volk von Fremdherrschaft befreit und die Monarchie erneuert.
Im Neuen Testament darf man davon ausgehen, dass sich Jesus nicht als Messias ausgab. Aber die Jünger und das Volk setzten messianische Hoffnungen auf ihn. In den ersten Gemeinden muss Jesus schon bald nach Ostern als Messias bekannt worden sein, und zwar wegen seiner Herkunft aus der Familie Davids, vor allem aber wegen seiner Teilhabe an Gottes Macht durch die Auferweckung. Der Titel verschmilzt so mit der Person Jesu, dass er bald zum Beinamen von Jesus wird. Auch die „Christen" werden danach benannt; denn „Gesalbte" heißt auf griechisch „Christen".

Mose

Der Name ist ägyptischen Ursprungs und Bestandteil von Namen wie Ahmosis oder Thutmosis. Das ägyptische Wort bedeutet „der Gott ist geboren". Nach den Erzählungen des Alten Testaments gehörte Mose zu einer Gruppe von semitischen Stämmen, die aus der Sinai-Halbinsel in das östliche Gebiet des Nil-Deltas einzieht, sich nahe von Pitom und der Ramsesstadt aufhielt und, sei es freiwillig oder gefangen, bei dem Bau von Wirtschafsquartieren innerhalb der Delta-Residenz Ramses II. eingesetzt wurde. Als Oberaufseher und unter ägyptischem Namen war Moses unter den Arbeitern aufgefallen und musste zusammen mit semitischen und anderen Gesinnungsleuten in die östliche Wüste fliehen. Es gelang ihnen, sich einer ägyptischen Grenztruppe im Gebiet des Schilfmeeres zu entziehen. Es ist anzunehmen, dass Moses und seine Gruppe schließlich in die Gegend von Kadesch gelangten. Gruppen unter der Führung Moses erhielten eine verbindliche Rechtsordnung, die, von welchem Umfang im Anfang sie auch war, von maßgeblicher Bedeutung für das spätere Israel werden sollte. Mose und seine Gruppe näherten sich dem Kulturland und versuchten, in den Gebirgen östlich des Toten Meeres Fuß zu fassen, wo Mose starb. Heutige Bibelwissenschaftler gehen davon aus, dass „Mose" keine historische Person war, sondern mit dieser „Figur" die Erzählungen von den Anfängen des Volkes Israel in Ägypten verbunden wurden.

Myrre

Die Myrre gehört zu den wertvollsten und beliebtesten Duftstoffen der Bibel. Sie wurde, ähnlich dem Weihrauch, bei allen orientalischen Völkern als heiliges wie alltägliches Räuchermittel gebraucht. Pulverisiert wurde es von Frauen in Duftbeutelchen zwischen den Brüsten getragen. Das aus Myrre gewonnene Duftöl galt als Schönheitsmittel. Im Neuen Testament begegnet die

Paulus

Petrus

Myrre als Geschenk der Magier an Jesus, als Bestandteil des Betäubungstranks, der dem Gekreuzigten gereicht wurde, und als verwesungshemmender Duftstoff des Leichentuches.

Nikodemus
Der Name bedeutet: „Der mit dem Volk siegt". Nikodemus wird im ➛Johannesevangelium als Gesprächspartner und Sympathisant Jesu geschildert. In Joh 7,50 weist er im Hohen Rat zugunsten Jesu darauf hin, dass das Gesetz niemanden verurteilt, der nicht zuvor gehört worden ist.

Numeri
Der Name bedeutet „Zahlen" und bezieht sich auf die in Num 1-4 berichtete Volkszählung. Das Buch im Alten Testament ist eine Sammlung von Erzählungen und Gesetzestexten. Geschichtliche Erkenntnisse lassen sich aus dem Buch nicht gewinnen.

Ölberg
Jerusalem wird im Osten jenseits des Kidrontales von der Kette des Ölbergs überragt. Nach Sacharia 14,4.8 werden, wenn Jerusalems Feinde die Stadt eingenommen haben und Jahwe zum Gericht kommt, seine Füße „auf dem Ölberg gegenüber von Jerusalem im Osten" stehen. Auch in den ➛Evangelien wird der Ölberg wiederholt mit Gedanken an das Gericht über die Stadt verbunden. Zur Zeit der konstantinischen Wende, also der offiziellen Anerkennung des Christentums, entstanden quer über den Ölberg zahlreiche Kirchen und Klöster.

Paulus
Paulus wurde wohl zwischen 5 und 10 n. Chr. geboren. Er hatte längere Zeit versucht, die frühen christlichen Gemeinden zu verfolgen. Er hatte dies als „eiserner ➛Pharisäer" getan, was dafür spricht, dass er in pharisäischen Kreisen ein bestimmtes Ansehen genossen hatte. Seine Berufung dürfte sich um das Jahr 32 oder 33 ereignet haben. Um das Jahr 50 begann Paulus eine selbstständige Missionstätigkeit, in deren Rahmen er auch zahlreiche Gemeinden gründete. Um das Jahr 60 dürfte er nach Rom gekommen sein. Hier erlitt er spätestens bei der Christenverfolgung durch Nero (64 n. Chr.) den Märtyrertod. Paulus war Bürger von Tharsus und besaß von Geburt an das römische Bürgerrecht. Daher wurde er nicht gekreuzigt, sondern mit dem Schwert umgebracht. Von besonderer Bedeutung sind die verschiedenen Briefe an seine Gemeinden (➛Konrintherbriefe).

Petrus
Der Name bedeutet: „Fels, Stein". Petrus war Sohn eines Jona aus Betsaida. Er hieß von Geburt an Simon und war wie sein Bruder Andreas Fischer. Bei seiner Berufung in den engeren Mitarbeiterkreis Jesu war er verheiratet und wohnte in Kafarnaum. Er wurde mit Andreas der erste ➛Jünger Jesu. Im Passionsdrama verleugnet er Jesus. Nach den Frauen am leeren Grab Jesu (➛Maria von Magdala) wird er zum offiziellen Osterzeugen. In der nachösterlichen Jesusbewegung wird er zum Leiter der Jerusalemer ➛Urgemeinde. Er hat selbst Missionsreisen unternommen und erlitt wahrscheinlich in Rom unter Kaiser Nero 67 n. Chr. das Martyrium.

Pharisäer
Der Name bedeutet: „Abgesonderter". Das Bild, das uns die ➛Evangelien von den Pharisäern vermitteln, ist das einer Tischgemeinschaft mit ausschließlich religiösen Zielsetzungen (Reinheit, Abgabe des Zehnten, Speisevorschriften). Die Pharisäer hatten Bedeutung als wichtigste religiöse Gruppe in kultischen Angelegenheiten und besaßen eine enorme Wirkung auf das Volk. Nach dem jüdischen Krieg bestimmten die Pharisäer die Neuordnung des religiösen Lebens.

Pontius Pilatus
Statthalter der Provinz Judäa 26-36 n. Chr. Pontius Pilatus wird in den

➛Evangelien nur als Richter Jesu bekannt. Da Todesurteile dem Statthalter vorbehalten waren, war Pilatus für den Tod Jesu verantwortlich. Sein weiteres Schicksal ist uns unbekannt.

Prophet
Im Alten Testament sind Propheten die Mittler zwischen Gott und den Menschen. Bedeutung haben sie besonders als Übermittler göttlicher Botschaften. Sie gehören neben den Priestern zu den wichtigsten religiösen Spezialisten der Kultur Israels. Kennzeichnend für Propheten ist besonders der „Botenspruch", mit dem sie ihre Rede regelmäßig einleiten: „so spricht Jahwe". Danach folgen wörtliche, in der ersten Person gehaltene Reden Jahwes. Ein Beispiel ist Amos 5,4: „So spricht Jahwe: Sucht mich, dann werdet ihr leben." Der Prophet kann ein Gotteswort von sich aus, ungebeten und unbezahlt äußern. Aber er kann auch befragt und für seine Dienste bezahlt werden. In Israel und Juda war die Zeit zwischen ca. 780–560 v. Chr. das Zeitalter der freien Propheten, verkörpert durch sieben große Gestalten, auf die jeweils ein nach diesen benanntes Prophetenbuch in der Bibel zurückgeht:

Amos:	wirkt in Israel, ca. 780/50 v. Chr.
Hosea:	wirkt in Israel, ca. 750/30 v. Chr.
Jesaja:	wirkt in Jerusalem, ca. 739-700 v. Chr.
Micha:	wirkt in Juda, ca. 739-700 v. Chr.
Zefanja:	wirkt in Juda, ca. 630 v. Chr.
Jeremia:	wirkt in Jerusalem, ca. 615-586 v. Chr.
Ezechiel:	wirkt im babylonischen Exil, ca. 593-568 v. Chr.

Schwerpunkte prophetischer Kritik sind: Sozialkritik, d. h. Eintreten für Arme und Schwache und Kritik ungerechter Verhältnisse, Jahwes Missfallen an Opfern von ungerechten Menschen, Forderung nach Alleinverehrung Jahwes, Forderung bestimmter politischer Wegrichtungen usw.
Das klassische Prophetentum erlebte nur einmal noch eine Wiederbelebung, nämlich in der Gestalt Johannes des Täufers.
Auch ➛Jesus kann als Prophet bezeichnet werden, vor allem weil er das Reich Gottes verkündigte, Kranke heilt und sich den Ausgestoßenen zuwandte.

Rachel
Der Name bedeutet: „Mutterschaf". Rachel ist in den Erzeltern-Erzählungen die jüngere Tochter Labans, die Jakob am Brunnen kennen lernt und für die er als Brautpreis sieben Jahre Arbeitsdienst leistet.

Rembrandt (1606-1669)
Rembrandt Harmenszoon van Rijn war niederländischer Maler. Er wurde als Sohn eines Müllers in Leiden geboren; dort besuchte er auch die Lateinschule und die Universität. Rembrandt war kein guter Geschäftsmann, er hatte einen verschwenderischen Lebensstil. 1656 kam es zum wirtschaftlichen Ruin. Bis zu seinem Tod lebte er zurückgezogen in bescheidenen Verhältnissen.
Rembrandt wurde der Hauptmeister der holländischen Barockmalerei. Viele seiner Gemälde haben religiöse oder mythologische Inhalte wie *Moses zertrümmert die Gesetzestafeln (1659)*. Seine Porträtkunst und seine Technik der Hell-Dunkel-Malerei begeistern noch heute Menschen auf der ganzen Welt.

Rembrandt Harmenszoon van Rijn

Roth, Eugen (1895-1976)
schrieb Gedichte, Essays, Erzählungen und Kinderbücher.

Satan
Name bedeutet im Alten Testament: „feindlich gesonnen sein, sich jemandem entgegenstellen". Das Wort Satan wird auch zur Bezeichnung eines jeden, der einem anderen zum Gegner wird, und meint „Widersacher". Erst spät, nach dem Exil, wird Satan zu einer Bezeichnung des himmlischen Anklägers. Im Neuen Testament kann die höchste, personal vorgestellte Macht des Bösen als Satan bezeichnet werden. Daneben gibt es auch die Bezeichnung des „Diabolus", aus dem das deutsche Wort „Teufel" wird. Es gibt keinen Bedeutungsunterschied zwischen „Satan" und „Teufel". Wie im antiken Judentum, so ist auch für das Neue Testament der Satan der Herr über zahlreiche übersinnliche Helfershelfer, die Dämonen. Er ist außerdem Gegenspieler Christi. Ziel des Satans ist die Schädigung der Menschen.

Christi Auferweckung ist der Sieg über Satan und alle dämonischen Mächte. Gleichwohl steht für die Wiederkunft Christi die endgültige Überwindung des Satans noch aus.

Simon von Kyrene
Simon von Kyrene wurde von römischen Soldaten gezwungen, das Kreuz Jesu zu tragen. Er stammte aus Nordafrika und dürfte ein Jude gewesen sein, der nach Jerusalem umgezogen war oder anlässlich des Paschafestes in Jerusalem weilte.

Sprichwörter (Buch der S.)
Das Buch der Sprichwörter im Alten Testament hat seinen Namen von der in dieser Schrift überwiegend vorkommenden Spruchform. Es ist ein Sammelbuch, das verschiedene, ursprünglich selbstständige kleine Schriften in sich vereinigt. Viele Aspekte des Lebens werden darin vorgestellt: Freude und Leid, soziale Gegensätze, Freundschaft und Familie.

Suizid
Im alten Rom galt die Selbsttötung zum Teil als ehrenvoll. Der Kirchenvater Augustinus (354-430) verurteilte sie jedoch als Sünde.
Früher durften Menschen, die Suizid begangen hatten, nicht kirchlich beerdigt werden. Erst im Jahr 1882 wurde die kirchliche Beerdigung erlaubt. Nach christlichem, jüdischem und islamischem Glauben ist die Selbsttötung nach wie vor verboten, denn es ist Gott, der das Leben gibt und nimmt.

Tabu
Der Ausdruck kommt aus dem Polynesischen und bedeutet dort „das als außerordentlich Bezeichnete" oder das „nachdrücklich kenntlich Gemachte". Der Begriff wird auf Gegenstände, Orte, Personen, Zeiten, Tätigkeiten, überhaupt auf alles angewandt, was zu meiden oder verboten ist. Für uns bedeutet Tabu etwas, über das man nicht redet.

Geistlicher und Teufel am Sterbebett, Holzschnitt, 16. Jahrhundert

Teufel
➛Satan

Transsubstantiation
Das lateinische Wort bedeutet „Wesensverwandlung". Gemeint ist damit: Die Gaben von Brot und Wein werden in der Heiligen Messe durch Jesus Christus selbst, den gekreuzigten Erhöhten, in der Kraft seines heiligen Geistes in eine völlig neue Beziehung zu uns Menschen gesetzt und empfangen eine neue Bedeutung. Jesus Christus wird mitten in seiner Gemeinde lebendig.

Urgemeinde
Die Hauptquelle für die Geschichte der Urgemeinde bildet die Apostelgeschichte, weitere Quellen sind einige Briefe des ➛Paulus. Der in Apg 1,13 f erwähnte Kern der Urgemeinde stellt die Brücke zum vorösterlichen Jesus dar. Grundlegend für die Bildung der Gemeinde waren die Erscheinungen des Auferstandenen sowie die Pfingsterfahrung. Allmählich löste sich die Urgemeinde aus der Verbundenheit mit Israel. Die Predigt der Urgemeinde führte später wiederholt zu Zusammenstößen mit der jüdischen Behörde.

Zuckmayer, Carl (1896-1977)
Schriftsteller und Drehbuchautor. Bekannt wurde er durch seine Dramen *Der Hauptmann von Köpenick* und *Des Teufels General*. Zuckmayer wurde 1896 in Nackenheim bei Mainz geboren. Nach seinem Kriegsdienst im Ersten Weltkrieg studierte er in Frankfurt am Main und Heidelberg, brach das Studium aber ab; danach arbeitete er als Dramaturg in Kiel, München und Berlin (zusammen mit Bertolt Brecht). Nach der Machtergreifung Hitlers 1933 erhielt Zuckmayer wegen seines öffentlichen Engagements gegen den Nationalsozialismus und seiner jüdischen Herkunft Aufführungs- und Publikationsverbot. Er emigrierte zunächst nach Salzburg, später in die Schweiz und 1939 in die USA. Hier lebte er u. a. als Drehbuchautor, Dozent und Farmer. 1945 kehrte Zuckmayer nach Deutschland zurück; 1958 übersiedelte er nach Saas Fee (Schweiz). 1966 wurde er Schweizer Staatsbürger. Zuckmayer starb 1977 im schweizerischen Visp.

Zwölf
➛Jünger

11 Schülerarbeit, 2004 – in: Christine Fleck-Bohaumilitzky, Wenn Kinder trauern, Südwest, München 2003
12 Max Frisch, Tagebücher, Suhrkamp Verlag
14 Text: Quelle nicht zu ermitteln – Fotos: Cornell Capa Photo by Robert Capa © 2001 Magnum Photos/Agentur Focus
15 Martin Kippenberger (1953-1997), Ohne Titel, 1988, Öl auf Leinwand, 240 x 200 cm © Estate Martin Kippenberger, Galerie Gisela Capitain, Köln – Text: nach Günter Lange
16 Otto Dix (1891-1969), Leiche im Drahtverhau (Flandern), aus: Der Krieg, 1924, Radierung © VG Bild-Kunst, Bonn 2005 – Alfred Rethel (1816-1859), Der Tod als Freund, 1851, Holzschnitt, 30 x 27 cm, Staatliches Kupferstichkabinett, Dresden, Foto: akg-images/Erich Lessing – Dieter Groß, ohne Titel, 1982, Tuschfeder, Wasserfarben auf Papier, 31 x 24 cm
18 Foto: SV-Bilderdienst/Hess C. – Nordelbische Evangelisch-Lutherischen Kirche, 22. August 2003
19 Monika Firla, „Segen, Segen, Segen auf Dich, guter Mann!“ Angelo Soliman und seine Freunde Graf Franz Moritz von Lacy, Ignaz von Born, Johann Anton Mertens und Ferenc Kazinczy, 2. Aufl., in Kommission bei TANZ*HOTEL/Art*Act Kunstverein, Wien 2003 (Broschüre) – dies., Angelo Soliman. Ein Wiener Afrikaner im 18. Jh. Mit e. Beitr. von Rudolf Maurer [Kat. zur Ausstellung des Rollettmuseums der Stadtgemeinde Baden bei Wien vom 11.3.-2.8.2004], Baden b. Wien, 2004 – Abb.: Johann G. Haid, Angelo Soliman, 2. Hälfte 18. Jh., Mezzotinto, Grafische Sammlung Albertina, Wien
21 Mirijam Bombis, Berlin
22 Marianne Diehl
24 Foto: Quelle unbekannt – Helmut Schempp, in: Horizonte. Materialien für den Religionsunterricht an beruflichen Schulen, Materialheft 12, Krankheit – Sterben – Tod, hg. v. IRP, Freiburg 1987
25 Franziska Christiansen – Bärbel Scheele
28 in: Hans Küng, Ewiges Leben?, Piper Verlag, München 1982 – Microsoft ® Encarta ® Enzyklopädie 2001 © 1993-2000 Microsoft Corporation. Alle Rechte vorbehalten – Fotos: KNA-Bild – © picture alliance/dpa/Helene Seligman – © Universal Studios – Oliviero Toscani © Copyright 2000-2004 Benetton Group S.p.A.
29 Fotos: Schwäbische Zeitung, 7.6.2004 – © Paramount Pictures – Therese Frare © Copyright 2000-2004 Benetton Group S.p.A.
31 Eugen Roth, Weltlauf, Carl Hanser Verlag, München/Wien und Eugen Roth Erben – Nachrichtentext, tagesschau – Abb.: Quelle unbekannt
32 Altersverwirrte Patientin, Foto: Günter Hildenhagen, Münster – Märchen der Gebrüder Grimm
33 Foto: Peter Santor, Karlsruhe
36 Pfr. Prof. Dr. Ulrich Eibach, Bonn, in: Freiheit von Leiden durch uneingeschränkte Selbstverfügung über das eigene Leben – ein Menschenrecht?
38 Foto: KNA-Bild – Text: Gernot Stegert, in: Heilbronner Stimme, 21.8.2001
39 Quelle unbekannt – Hogli © Baaske Cartoons 2005 – Text nach: Katechismus der kath. Kirche, Verlag Oldenbourg/St. Benno Verlag/Paulus Verlag, München/Wien/Leipzig/Freiburg 1993
40 in: L. Schlaich, Lebensunwert?, zit. n. S. Schulz (Hg.), Materialien Sterben – Tod – Auferstehung, Stuttgart 1985, S. 23 – „Volksgenosse – das ist auch dein Geld“, Propagandaplakat der NSDAP zur Akzeptanzbereitung für Eugenik bzw. Euthanasie, o. J., 56 x 41,8 cm, Papier/Offset, Deutsches Historisches Museum, Berlin
43 Text: Rainer Schauer, SZ 27.10.1998
44 in: Christliche Bestattungskultur. Orientierungen und Informationen, hg. v. Sekretariat der Deutschen Bischofskonferenz, Bonn 2004, S. 10 – in: Taschenlexikon Religion und Theologie, hg. v. Erwin Fahlbusch, Verlag Vandenhoeck & Ruprecht, Göttingen, S. 370
45 Fotos: picture-alliance/epd/Norbert Neetz – Quelle unbekannt – picture alliance/dpa/Stefan Sauer – Doppelsarg des Nespamai, Staatliche Museen zu Berlin, Preußischer Kulturbesitz, Ägyptisches Museum, Foto: Margarete Büsing – Text nach: Andrea von Garrel/Tatjana Diestel, Der Umgang mit dem Tod in verschiedenen Religionen. Ein Beitrag zum Schülerlandeswettbewerb 2000/2001, erstellt vom GK Religion des 13. Jg.
46 Abb.: Quelle unbekannt – Fotos: Alexis Duclos/Gamma – Karl Josef – Text in: Christliche Bestattungskultur, S. 9f.
47 Sonja Zekri, SPIEGEL ONLINE 44/1997 (bearbeitet) – Angelika Kleinsorge, Sarg mit Engelsflügeln und Tropfen aus Blattgold, Foto: © picture alliance/gms/Ateliers Serenade
48 nach: Christliche Bestattungskultur, a. a. O., S. 21-26.
49 www.friedwald.de – Astrid Günter/Amt für Information der evangelischen Landeskirche in Württemberg, 2003 – Klaus W. Hälbig/Pressestelle der Diözese Rottenburg-Stuttgart, 2003 – Foto: Kösel-Archiv
50 Beerdigung auf dem Friedhof zu Prag, um 1840
51 Foto: © Corbis
52 Abb.: Quelle unbekannt – Fotos: laenderpress – picture-alliance/KNA-Bild

55 Doris Frass-Heckermann, Kreuzweg aus der Sicht Jesu, Pfarre St. Othmar, Mödling – Text: Angelika Stehlik
57 Quelle unbekannt
60 Sitzender Buddha Amida, Japan, Späte Heian Periode, Mitte 11. Jh., Zypressenholz, lackiert, 152,5 cm Höhe © Kyoto National Museum
61 Rüdiger Hauth, Hexengurus Seelenfänger, Brockhaus Verlag, Wuppertal, ^{3}1999 – Abb.: Quelle unbekannt – nach: Herbert Vorgrimler, Neues Theologisches Wörterbuch, Verlag Herder, Freiburg i. Br. 2000
62 Aktuelle Zahlen, Studien und Hinweise für die Internetrecherche unter www.ilo.org/public/english/standards/ipec
63 Rembrandt Harmensz van Rijn (1606-1669), Er ist auferstanden, Federzeichnung, um 1655/60, Rijksprentenkabinet, Amsterdam
64 Meister des Hausbuches, Die Auferstehung Christi, 15. Jh., Holz, 131,7 x 76,6 cm, Städtische Galerie in Frankfurt, Städelsches Kunstinstitut, Foto: Artothek – Kurt Marti, Auferstehung, in: Leichenreden, Hermann Luchterhand Verlag, Darmstadt/Neuwied 1976
65 Karte: Eva Amode, München
66 EMNID-Institut im Auftrag von Chrismon
67 Foto: Lennart Nilsson © Albert Bonniers Verlag, Stockholm – Carl Zuckmayer, Der Rattenfänger, S. Fischer Verlag
68 Kurt Marti, Das könnte manchen Herren so passen, in: Leichenreden, a. a. O. – Notizblock 30/2001, hg. v. der Diözese Rottenburg-Stuttgart
69 nach: Christliche Bestattungskultur, a. a. O., S. 16
72 Walter Habdank, Ijob © 1978 Kösel-Verlag – Hanns H. Heidenheim, Düsseldorf, Ijob, Holzschnitt
73 in: Gemeinsame Synode der Bistümer in der BRD, Beschlüsse der Vollversammlung, Offizielle Gesamtausgabe I, Verlag Herder, Freiburg i. Br. 1976, S. 82-89 (Auszüge)
75/76 Susanne Bartsch
78 in: Betriebliche Kommunikation, Stam-Verlag, 1994
79 Otto Nagel (1894-1967), Arbeitsloser, VG Bild-Kunst, Bonn 2005 – in: Axel Kühner, Hoffen wir das Beste, Aussaat Verlag, Neukirchen-Vluyn 1998
80 in: Schwäbische Zeitung 1.3.2002
81 Heinrich Böll, Anekdote zur Senkung der Arbeitsmoral, Verlag Kiepenheuer & Witsch, Köln
82 SZ-Grafik: Beck, Foto: dpa, Quelle: Internationale Arbeitsorganisation (ILO), Stand 2002 – Arne Perras, SZ 11.5.2004 – Quelle unbekannt
83 Foto: © Moleres/laif – Manuela Kessler, SZ 11.5.2004
84 Kathrin Lauer, SZ 11.5.2004 – Abb.: Quellen unbekannt
87 Wilhelm Busch
88 Schwäbische Zeitung 24.9.2003 – © 2002 Lappan Verlag, Cartoons für Lehrer, Oldenburg
90 in: Manfred Deix, Augenschmaus © 1989 Diogenes Verlag AG, Zürich
91 Quelle unbekannt – Foto: © picture-alliance/dpa/dpaweb/Werner Baum
93/94 Stig Dagermann
95 Quelle unbekannt – Rainer Maria Rilke
96 ddp
97 Foto: akg-images
99 Foto: akg-images/Binder
101 Tintoretto (eigentl. Jacopo Robusti, 1518-1594), Kain erschlägt Abel, 1550/53, Öl auf Leinwand, 149 x 196 cm, Galleria dell'Accademia, Venedig, Foto: akg-images
102 Fotos: wie S. 28 und S. 38
103 Illustration aus dem Albani-Psalter des 12. Jh., Hildesheim
104 Ravenna: St. Vitale, Details aus dem Triumphbogen, Ed. A. Longo, Ravenna
105 Rembrandt Harmensz van Rijn, Jugendliches Selbstbildnis als Krieger (Porträt von Rembrandt mit Halsberge), um 1629, Kopie nach Rembrandt (?), Ol auf Holz, 37,9 x 28,9 cm. Inv.Nr. 148, Mauritshuis, Den Haag, Foto: akg-images
106 Hans Weiditz, Geistlicher und Teufel am Sterbebett, Holzschnitt, 16. Jahrhundert

Fotos auf S. 11, 43, 44, 48, 69 und 94: Michael Boenke, Bad Saulgau

In Einzelfällen ließen sich die Rechtsinhaber oder Quellen nicht rekonstruieren. Für Hinweise sind wir dankbar. Sollte sich ein/e nachweisbare/r Rechtsinhaber/in melden, zahlen wir das übliche Honorar.